Franz Beyer

Das Lautsystem des Neufranzösischen

Franz Beyer

Das Lautsystem des Neufranzösischen

ISBN/EAN: 9783742894632

Hergestellt in Europa, USA, Kanada, Australien, Japan

Cover: Foto ©Andreas Hilbeck / pixelio.de

Manufactured and distributed by brebook publishing software
(www.brebook.com)

Franz Beyer

Das Lautsystem des Neufranzösischen

Das

Lautsystem des Neufranzösischen.

Mit

einem Kapitel über Ausprachereform
und Bemerkungen für die Unterrichtspraxis

von

Franz Beyer.

Cöthen.

Verlag von Otto Schulze.

1887.

Henry Sweet

in dankbarer Verehrung

zugeeignet.

Vorwort.

Dass jedes gediegene, sowohl wissenschaftliche als praktische Studium einer lebenden Sprache auf dem soliden Grunde tüchtiger phonetischer Schulung fussen muss, ist eine Erkenntnis, die wir dem Lichte der neueren Lautwissenschaft verdanken. eine Erkenntnis, die trotz heftiger Gegner schon allein durch die Macht der ihr innewohnenden Wahrheit sich immer weiteren Kreisen mitteilt. Ihr verdankt auch die vorliegende Schrift ihre Entstehung. Was wir nun brauchen, nachdem die allgemeine Phonetik wacker vorgearbeitet, sind möglichst monographische Einzeldarstellungen der verschiedenen Idiome, zunächst für die wissenschaftliche Forschung selbst: die Schule mag sodann aus diesen Detailuntersuchungen das für sie Passende und Ausreichende auswählen.

Um Raum für ausführliche Erörterungen zu gewinnen, ist die nachfolgende Darstellung des französ. Lautsystems lediglich auf den heutigen Lautstand beschränkt worden. Historische Bemerkungen treten nur ganz vereinzelt auf und nur da, wo dieselben erforderlich schienen. Die rein historische Untersuchung der französ. Laute bleibt besser einer besonderen Arbeit überlassen.

Dem für die ganze Reformbewegung so überaus wichtigen "Elementarbuch des gesprochenen Englisch" von Henry Sweet (s. p. 9 ff. dieser Schrift) habe ich nun im Februarheft des diesjährigen Jahrgangs von Herrig's Archiv eine ausführliche Besprechung gewidmet.

Die in der Anmerkung zu p. 11 erwähnten Schriften von Paul Passy: "Le français parlé", und von Felix Franke: "Phrases de tous les jours" und „Supplement" habe ich seitdem gründlich zu prüfen Gelegenheit gehabt. Eine eingehende Kritik derselben soll andernorts folgen: hier nur so viel, dass auch sie ganz auf dem Boden der Reform stehen, indem sie, wohl zum ersten Male in Deutschland, ausgiebigere französ. Texte in phonetischer Transskription bringen, aus denen übrigens der Lernende viel lernen, der Kritiker wertvolles Beobachtungsmaterial sammeln kann. Die Werkchen seien einstweilen den Fachgenossen empfohlen.

Mit grossem Bedauern lese ich bei Passy diese Bemerkung: "Peu de jours après avoir écrit ces lignes, j'étais douloureusement ému en apprenant la mort prématurée de M. Franke, enlevé subitement à la science et à ses amis." Franke, der sich durch seine treffliche Schrift: „Die praktische Spracherlernung auf Grund der Psychologie und Physiologie der Sprache" (Heilbronn, Gebr. Henninger), sowie durch schätzbare, von bemerkenswerter Sachkenntnis zeugende Beiträge zu Vietor's "Phonetik" vorteilhaft in die Wissenschaft eingeführt hatte, war ein scharfbeobachtender, feiner Phonetiker, dessen Talent noch vieles Tüchtige zu leisten versprach. Um so beklagenswerter ist der frühe Tod des jungen Gelehrten. —

Der in dieser Schrift gebrachten Analyse der französischen Laute gedenke ich noch in diesem Jahre folgen zu lassen eine synthetische Bearbeitung derselben und der dabei besonders in Betracht kommenden Fragen: der Quantität, des Nachdrucks, der Tonhöhe, u. a. In erster Linie aber ist es mir zu tun um eine möglichst systematische Zusammenfassung der interessanten, gerade im Französischen so häufig auftretenden Sandhierscheinungen, die bisher fast unbeachtet geblieben sind, wenn wir von den zwar durchweg zuverlässigen, immerhin aber kurzen Bemerkungen in Vietor's Phonetik absehen. Freilich sind Sandhifälle bereits früher Gegenstand wissenschaftlicher Untersuchung gewesen, so besonders bei Winteler, teilweise schon bei Merkel: doch rede ich nur vom Französ., und hier bleibt noch vieles zu tun. Derartige Erscheinungen sind fast nur im Fluss der Rede, also nur an der Hand der Synthese zu erfassen. Beide Methoden der Lautbehandlung operieren eben von principiell verschiedenen Standpunkten aus. Die Analyse, wie Sweet treffend bemerkt, betrachtet jeden Laut als einen festen, stationären Punkt: die Synthese als einen momentanen Punkt im Strome unaufhörlichen Wechsels. Die Analyse befasst sich nur mit der Mitte des voll entwickelten Lautes: die Synthese richtet ihr Augenmerk vorzugsweise auf Anfang und Ende eines jeden Lautes, als auf die Punkte. wo er mit andern Lauten verknüpft erscheint, und auf die Veränderungen. welche er in solchen Verknüpfungen etwa erleidet. Zu einer gründlichen wissenschaftlichen Erkenntnis eines beliebigen Lautsystems ist demnach nicht allein die Analyse, sondern besonders auch die Synthese unbedingt erforderlich; aber das eine ist sicher: diese ist nicht zu verstehen, ja nicht möglich ohne jene. Das Gebäude ist nicht aufzuführen ohne sorgfältig zugerichtete Bausteine.

Ich bitte, diese Arbeit nicht allzu rigoros zu beurteilen. Phonetische Untersuchungen sind mühsamer Natur und ergeben trotz aller Mühe oft Resultate, die zwar heute völlig richtig erscheinen mögen, bei der lebenskräftigen Fortentwickelung der jungen phonetischen Wissenschaft aber und der damit verbundenen tieferen Einsicht morgen der Korrektur bedürfen können. Zudem gilt die nachfolgende Schrift einer Sprache, die von dem ebenso ausgezeichneten Phonetiker als gründlichen Kenner des Französ., Johan Storm, als eine phonetisch schwierige bezeichnet worden ist. Jedenfalls bin ich ernstlich bestrebt gewesen, überall das Richtige zu finden: aber ich werde jedem sachkundigen. wohlmeinenden Kritiker aufrichtig dankbar sein. der mich — sei es auf dem Wege privater Mitteilung. sei es öffentlich — eines Besseren zu belehren weiss.

Möge dieser anspruchslose Versuch der Sache des neusprachlichen Unterrichts wie der phonetischen Wissenschaft ein wenig nützen.

Kahla i. Thür., im Februar 1887.

F. Beyer.

Inhalt.

Bemerkung. Eine Tabelle der französ. Vokale findet sich auf S. 60, der Konsonanten auf S. 95; die Bell-Sweet'sche allgemeine Vokaltafel auf S. 47.

Erster Teil.

Zur Aussprachereform.

Diese Schrift hat zum Zweck, den langergangenen Ruf nach Reform wach zu erhalten und so zu ihrem Teil ein Scherflein zu den Reformbestrebungen beizusteuern. Dank dem von einer breiten Schicht einsichtiger Männer gefühlten Bedürfnis, im Interesse der Allgemeinheit und besonders der Jugend, alten tief gewurzelten Missständen im Schulwesen mit Radikalmitteln auf den Leib zu rücken, erheben sich noch immer zahlreiche Stimmen, welche unter anderm auch einer gründlichen Reform des neusprachlichen Unterrichts eifrig das Wort reden. Mit Fug und Recht ruft man aus: hinweg mit euren dickleibigen Buchstabengrammatiken, die dem armen Jungen den Kopf verwirren und dem Lehrer das Unterrichten sauer machen: gebt uns dafür hübsche, handliche, just das Notwendige enthaltende Lautgrammatiken, Büchlein à la Vietor und Kühn! Hinweg mit dem abstrakten grammatischen Wust, den ihr einpauken lasst, um damit die Sprache zu meistern! Schöpft fortan eure Sprach- und Regelweisheit direkt aus dem frischen Quell der lebendigen Rede und aus der reichen Fundgrube einer verständig gehandhabten Lektüre. Weg endlich mit der „grauenvollen" Aussprache, die man von euren Schülern zu hören bekommt! Diese Forderungen, deren Berechtigung jeder Eingeweihte anerkennen muss und die besonders lebhaft vor mehreren Jahren an die Lehrer gestellt wurden, gelten zum grossen Teil leider noch heute, obwohl seitdem manches besser geworden ist. Noch heute gibt es

Schulen und Lehrer. welche aus den Reformmahnungen keinen
Nutzen gezogen haben. welche die dickleibige Grammatik nicht
verschmähen und von der leidigen grammatischen oder gramma-
tistischen Methode à la Seidenstücker-Plötz nebst Heerbann
aus alter lieber Gewohnheit nicht abgehen: vor allem aber gibt
es auch heute noch höhere Unterrichtsanstalten genug. in denen
man in Sachen der Aussprache dem *laisser faire, laisser aller*-
Grundsatz in unverzeihlicher Weise huldigt. Noch kürzlich hatte
ich Veranlassung, mehrere nicht übel beanlagte Schüler der
Quarta einer trefflichen mitteldeutschen Gelehrtenschule, der ich
sonst fremd stehe, auf ihre Kenntnisse im Französischen zu prüfen.
Mit dem naivsten Ernst von der Welt zauberten sie Jargonblüten
hervor. wie *awerusangkor*[1]) *bli tü sä wäng mosχé, lä šartäng*
(jardin), *kisinχär* (cuisinière). *nekūtätibá* ! (n'écoutes-tu pas) u. v. a.
Das liegt wohl am Lehrer. Mit fünf Stunden die Woche muss
sich etwas Ordentliches erreichen lassen. selbst mit dem schwächer
beanlagten Schüler. Erreicht der Lehrer aber nichts als solche
Jammerleistungen. so ist er entweder unverantwortlicher Nach-
lässigkeit zu zeihen — oder er weiss die Aussprache selbst nicht
viel besser zu lehren. Angesichts solcher Dinge. die ein Jahrzehnt nach dem Erscheinen von Sievers' Phonetik, Sweet's
Handbook und einer ganzen Reihe anderer lautwissenschaftlicher
Werke passieren, deren sorgfältiges Studium jedem Lehrer der
neueren Sprachen Augen und Ohren öffnen muss — angesichts
solcher Tatsachen, meine ich, darf man nicht müde werden, den
Ruf nach Reform immer und immer wieder zu erneuern.

Man hat von einer Reformation des neusprachlichen Unterrichts an Haupt und Gliedern gesprochen. Dieselbe ist erwünscht
und möglich: will man aber in dieser radikalen Weise verfahren,
so kann einzig und allein ausgegangen werden von den Elementen
der Sprachbildung, von den Lauten, also von der Aussprache.
Die ehrlichen Reformer sind ganz in ihrem Recht. eindringlich zu
betonen, dass es sich bei den modernen Kultursprachen, insonderheit den beiden auf deutschen Schulen vorzugsweise gelehrten,
der französischen und der englischen, nicht sowohl wie bei den
klassischen um Aneignung einer gewissen Summe grammatischen

---

[1]) *w* natürlich mit mitteldeutscher Aussprache, *s* stimmlos, Nasalvokale grässlich u. s. w.

und phraseologischen Materials handle, sondern auch und zwar in erster Linie um Erwerbung einer wirklich genuinen Aussprache dieser Idiome. In der Tat dürfte es für Ansehen und Geltung der lateinischen Sprache gleichgiltig sein, wollte man der traditionellen deutschen Aussprache derselben die historisch erschlossene substituieren und fortan *fekerunt. pix pikis. quom* etc. sagen, wie es für das Griechische gleich ist, ob ich *η* wie *é* oder *ä*, *αι* diphthongisch oder monophthongisch spreche; denn hier fehlt uns der oberste Richter — der in lebendiger Uebung fortbestehende Sprachgebrauch. Dieser Gebrauch hat etwas Absolutes, Ausschliessliches, Tyrannisches; man muss sich ihm anbequemen, und er reagiert sehr energisch gegen jeden Verstoss. Bei den alten Sprachen fehlt uns der zum klassischen Lautzeichen gehörende klassische Normallaut:[1] längst ist er verklungen, und was zurückblieb, ist nur sein mattes Substrat, das graphische Bild, das lautlicher Vieldeutigkeit gar leicht zugänglich sein musste.[2] Nur so ist erklärlich, dass fast jede Nation ihre eigene Aussprache des Latein und Griechisch haben konnte. Ganz anders stellt sich das Verhältnis dar bei den lebenden Sprachen. Hier ist alle Willkür in der lautlichen Interpretation der Buchstaben von vornherein ausgeschlossen; hier ist für uns die Aussprache etwas absolut Bindendes und vermöge steter lebendiger Übung als alleingiltige Norm Gegebenes; sie ist gleichsam das Fleisch zu dem grammatischen Knochengerüst, also ein integrierender Teil des sprachlichen Organismus. Jede Sprache hat ihre eigene lautliche Physiognomie:

[1] Es darf nicht unerwähnt bleiben, dass man in neuester Zeit ernstlich darangeht, die Aussprache des Latein und Griechisch gewisser Perioden auf phonetischer Grundlage historisch zu erschliessen. Mit dem Latein hat einen ersten trefflich gelungenen Versuch gemacht Emil Seelmann, „Die Aussprache des Latein nach physiologisch-historischen Grundsätzen". Heilbronn 1885. Gebr. Henninger, — ein für die Praxis vielleicht entbehrliches, für die historische Phonetik aber wichtiges Werk.

[2] Man vergl. z. B. die französische und besonders die englische Aussprache des Latein! In den Mainummern der "Academy" las ich mit Vergnügen, dass man in englischen Gelehrtenkreisen beabsichtigt, dem famosen Englisch-Latein, das bisher schier ein lautliches Zerrbild war, mit einer gründlichen Aussprachereform endlich den Garaus zu machen. Die Bewegung geht, m. W., von der Universität Cambridge aus. Hoffentlich wird man Mr. Ellis und Mr. Sweet die ersten Stimmen im Kapitel einräumen.

die der toten Sprachen ist erstarrt, die der lebenden belebt: dort hat man, je nach Bedürfnis, eine Anzahl individueller Masken substituiert, um sie künstlich zu beleben: hier wird das Belebungsbedürfnis von selbst überflüssig, und die lautliche Facies ist nur eine: spreche ich jene anders aus als in der ursprünglichen nationalen Weise, so bleibt das Gesamtbild wesentlich dasselbe; spreche ich diese in einer von der nationalen Aussprachsweise abweichenden, so wird das Lautbild entstellt, wohl gar bis zur Unkenntlichkeit verzerrt. Die Wichtigkeit der Erwerbung einer normalen Aussprache moderner Verkehrsidiome liegt daher auf der Hand. Freilich ist die sorgfältige Aneignung und der geläufige Gebrauch fremder Laute gar oft eine Kunst; aber wie jede Kunst kann sie gelehrt und gelernt werden.

Der neusprachliche Unterricht liegt in mancher Beziehung, wie schon erwähnt, noch immer im argen, wenn auch gerade im letzten Jahrzehnt manches zu seiner Besserung und Hebung getan worden ist.

Einen Teil der Schuld an diesem Zustande tragen leider die Bestimmungen unserer modernen Lehrpläne: denn mit wenigen Ausnahmen gewähren namentlich die rein humanistischen Anstalten den neuern, für das Verkehrsleben unserer Zeit so überaus wichtigen Sprachen nur ein kümmerliches Dasein.[1]) Der andere Teil der Schuld aber fällt in erster Linie denjenigen zur Last, welchen die Erteilung jenes Unterrichts obliegt, uns selbst also, den Lehrenden, nicht den Lernenden, obschon ich diese gerade nicht vollständig entlasten möchte.

Der Verf. ist weit entfernt, all das Treffliche, was bisher auf dem Gebiete des neusprachlichen Unterrichts geleistet worden ist, geflissentlich zu ignorieren; vielmehr erkennt er dies voll und ganz an. Was er will, ist nur, in ehrlicher, von falscher Neben-

---

[1]) Auch die neueren Bestimmungen bezüglich des Französischen auf Gymnasien haben nicht wesentlich Abbilfe gebracht. Quinta und Quarta je 4 und 5 Stunden per Woche — das ist eine dankenswerte Aufbesserung. Aber warum sinkt dann plötzlich das Pensum zu 2 magern Stündlein herab, schreibe zwei — bis hinauf zur Oberprima! Ja sogar von dem Quintaner- und Quartanerpensum wird in manchen Gelehrtenschulen zu Gunsten der Klassizität nach Möglichkeit abgeschnitten. — Mit der Anzahl der franz. Unterrichtsstunden auf Realschulen dagegen kann man zufrieden sein, und hier muss sich etwas Ganzes erreichen lassen.

absicht durchaus freier Arbeit seinen Teil dazu beitragen, dass da, wo offenbare Missstände hervortreten, Abhilfe geschafft werde. Der Wissenschaft wie der pädagogischen Praxis muss es unbenommen bleiben, derartige Missstände zu konstatieren — zu Nutz und Frommen der Sache des Unterrichts; nur muss der Kritiker, soll seine Arbeit positiven Nutzen haben, seinerseits den Weg zeigen, den er für den rechten hält. In diesem Sinne wurde die vorliegende Schrift verfasst. Sie will nicht allein negierend sein, sondern auch positiv fördernd.

Wie oben bemerkt, hat eine wirklich gedeihliche Reform der neusprachlichen Lehrmethode von Grund aus zu beginnen, d. h. von der Lautlehre. Diese soll im Interesse einer eingehenden Behandlung den alleinigen Gegenstand unserer Arbeit bilden. Das Wort „Laut" ist typisch nicht umsonst hervorgehoben: ich betone, die Lehre von den Lauten, nicht von den Buchstaben. Diese Bemerkung ist deshalb keineswegs überflüssig, weil manche unserer Lehrer des Englischen und Französischen noch immer nicht genug der Wahrheit eingedenk sind, dass das Fundament einer Sprache gebildet wird von den lebendigen, im menschlichen Sprechorgan erzeugten Lauten, denen man erst später, als sich ein litterarisches Bedürfnis entwickelte, gewisse konventionelle oder von der Tradition überkommene Zeichen substituierte, um jene gleichsam sichtbar zu fixieren und graphisch zu verwerten. Die Buchstaben sind das ὕστερον, die Laute das πρότερον: jene existierten nicht ohne diese. Es ist Zeit, dass man sich einmal von dem Buchstabenkram lossage und nur die Laute als Grundelemente einer gesprochenen Sprache betrachte. „Eine Sprache", sagt Sayce, der namhafte englische Sprachforscher (in einem lesenswerten Artikel: "How to learn a language", "Nature" 29. Mai 1879 und "Phonetic Journal" 2. August 1879), „besteht nicht aus Buchstaben, sondern aus Lauten, und ehe diese Tatsache gründlich zum Bewusstsein kommt, braucht man nicht zu erwarten, dass die Sprachen jemals richtig betrieben werden." Ferner Victor (Engl. Stud. III, 106): „Nur bei einer von den Lauten ausgehenden Behandlung kann die Schule ihrer Aufgabe, den Schülern zu einem Einblick in den Lautorganismus zu verhelfen, gerecht werden." Endlich Storm (Englische Philologie, pag. 2): „Die eigentliche Sprache ist die gesprochene, und diese besteht aus Lauten. Die erste Bedingung, eine Sprache kennen zu lernen, ist somit die Kenntnis ihrer Laute. Ohne diese Kenntnis kann man zwar bis zu einem gewissen Grade in ihren Geist eindringen. aber sie bleibt doch eine tote Sprache." Es ist charakteristisch und nicht zufällig, dass die Wörter γλῶσσα, lingua, lengua, langue, tongue, Zunge (in fremder „Zunge" reden) u. a. m., Sprache und Zunge, die Repräsentantin der Sprechorgane als Quelle der Lautbildung, zugleich bedeuten.

Dies möge genügen, um den Ausgangspunkt unserer Reform zu rechtfertigen: ehe wir an die Lektüre und an das grammatische Studium einer lebenden Sprache herantreten, müssen wir Klarheit haben über die Beschaffenheit der lautlichen Einheiten, aus denen diese Sprache besteht. Aber völlige Klarheit! Wir müssen demnach das specifische Klangbild des fremden Lautes aufs genaueste beobachten, ihn in seiner Eigenart erfassen und in bewusster Weise reproducieren lernen, d. h. wir müssen in die organische Bildung desselben einen durchaus klaren Einblick bekommen, müssen an der Hand sorgfältiger Beobachtung uns vergewissern, dass der betreffende Laut lediglich durch diese oder jene Stellung der Sprachwerkzeuge zu einander erzeugt werden kann, und nicht anders. Nur auf diesem Wege erlangt unsere Kenntnis des Lautcharakters einer lebenden Sprache unbedingte Sicherheit. Allein jene drei Faktoren: genaue Beobachtung, richtige Aneignung, bewusste Reproduktion, sind Dinge, die ihre Schwierigkeiten haben und in fleissiger Arbeit gelernt sein wollen. Der Blick für die Beobachtung muss geschärft, das Auffassungsvermögen kultiviert, das Sprechorgan zur leichteren Wiedergabe von Gehörtem geschickt gemacht werden. Zur sicheren Erreichung dieses Zieles führen zwei Wege, ein theoretischer und ein praktischer: der theoretische ist das Studium der Natur der Sprachlaute; der praktische, die unausgesetzte Übung der Sprechwerkzeuge in der getreuen Wiedergabe gehörter Laute. Wird auf diese Weise dem Studium einer fremden lebenden Sprache vorgearbeitet, so wird ein solider Grund gelegt, auf den ein Verlass ist. Man sollte meinen, diese Erkenntnis. die vor dem Verf. zahlreiche Reformschriften eindringlich gepredigt haben, hätte sich in den Interessekreisen durchgehend Bahn gebrochen. Mit nichten! Leider verhalten sich noch heutzutage gewisse Methoden des modernen Ausspracheunterrichts, sei es aus Indolenz, sei es aus Unkenntnis. gegen jenes einzig sichere Verfahren einfach ablehnend. Wie gross ist denn die Zahl der höheren Lehranstalten, wo auf die reichen Ergebnisse der neueren Lautforschung die gebührende Rücksicht genommen wird! Oder wie viele tun es von den litterarisch vor dem grossen Publikum als Orthoepisten, Ausspracheinstruktoren etc. auftretenden Männern! Ich gedenke rühmend der verdienstlichen Arbeiten unserer Fachphonetiker, eines Sievers, Trautmann. Techmer, Vietor, Schröer, Breymann, oder phonetisch tüchtig gebildeter Männer der Praxis wie Western, Klinghardt, Kühn, Deutschbein, Baumgartner. Steuerwald u. v. a., die sämtlich für die Schule Treffliches geleistet haben. Allein diese stattliche Reihe und ihre Anhänger tritt doch sehr zurück gegenüber der Armee derer, welche noch immer der längst überholten Weisheit der alten Laut- (Buchstaben-!) schule anhangen. Wie viele haben denn aus den wichtigen Belehrungen jener Fürsprecher der Reform dauernden Nutzen gezogen? Nicht allzuweit zurück, und kaum dass einem Häuflein neusprachlicher Lehrer die Namen eines Ellis, Bell, Sweet, Sievers, Storm bekannt waren. Ob heute alle Neuphilologen die epochemachenden Werke dieser Bahnbrecher kennen und studiert haben wie sie sollten, mag dahingestellt bleiben.

Man verstehe recht: wir wollen nicht, dass der Gymnasiast oder Realschüler oder gar die Schülerin der höheren Mädchenschule mit dem ausgiebigen Apparat der phonetischen Wissenschaft bis zum Überdruss gequält werde: dies würde natürlich mehr Schaden bringen als Nutzen. Wir betrachten es aber als eine unabweisbare Forderung. dass ein rechter Lehrer des Französisch-Englischen diesen Apparat selbst sachkundig zu handhaben verstehe. dass er phonetisch nicht nur gebildet, sondern gründlich gebildet sei. und dass er — gleichviel ob in Wort oder Schrift unterrichtend — einleitungsweise seine Schüler erst mit den elementarsten Hauptlehren der Lautwissenschaft in tunlichst gemeinfasslicher Sprache vertraut mache. In ähnlichem Sinne hat sich bereits Moritz Trautmann (Anglia I. 588) ausgesprochen. „In der bisher üblichen Weise“. sagt er, „darf die Sache nicht weiter gehen: wer in Zukunft eine englische oder französische Grammatik schreiben will, muss mit den hauptsächlichsten Ergebnissen der neueren Lautwissenschaft vertraut sein und darf nicht ausgehen von den ihm zufällig bekannten Lauten dieser oder jener Sprache bezw. Mundart, sondern muss seine Bestimmungen auf Grund allgemeiner Lautwerte geben. Und dementsprechend muss der die Aussprache betreffende Unterricht behandelt werden. Die Schüler müssen, ehe sie das Studium einer Sprache beginnen, die wichtigsten Sätze der allgemeinen Lautlehre innehaben." Gleiche Principien finden sich vertreten in einer Reihe trefflicher Reformschriften und -Artikel. von denen ich hier nur einige nennen will. Breymann, der neusprachl. Unterr. an Gymnas. u. Realschulen (Lehre v. franz. Verb). München. 1882; Ders., Über Lautphysiologie und deren Bedeutung für den Unterricht. München und Leipzig 1884 (ein ausgezeichnetes Schriftchen. dessen Lektüre allen Fachgenossen warm zu empfehlen ist). Münch. Zur Förderung des französ. Unterrichts insbes. auf Real-Gymnasien. Heilbronn, 1883. Quousque tandem. der Sprachunterr. muss umkehren. Heilbronn, 1882[1]) (2. Aufl. [Vietor] Heilbronn. 1886). Kühn, Zur Methode des französ. Unterrichts. Wiesbaden, 1883. Schröer. Über den Unterr. in der Ausspr. des Englischen. Berlin. 1884. Franke. Die praktische Spracherlernung etc. Heilbronn, 1884. Klinghardt. die Lautphysiologie in der Schule, Engl. Stud. VIII, 2, 287. Rambeau, Körting's Zs. V. p. 202. und Ders.' der frz. und der engl. Unterr. in der deutschen Schule etc. Hamburg. 1886. Nolte. Deutschbein. Über die Resultate der Lautphysiologie mit Rücksicht auf unsere Schulen. Herrig's Archiv, Bd. 70, I. 39—72. Vietor, Die wissenschaftliche Grammatik und der englische Unterricht. Engl. Stud. III. 106 ff. Ders., Schriftlehre oder Sprachlehre. Körting's Zs. II. 43 ff. Würzner. Die Verwertung der Ergebnisse der Phonetik für den Unterricht im Französ. und Engl. Zs. für das Realschulwesen von Kolbe etc.. 10. Jahrgang. 6. u. 7. Heft. Hornemann, Zur Reform des neusprachlichen Unterrichts auf höheren Lehranstalten. I., Hannover 1885; II., Ebendaselbst 1886. (S. besonders I. p. 48 ff.), u. v. a. m. Aus der Menge dieser fast sämtlich auf ein Ziel hinarbeitenden Schriften. nämlich dem so lange stiefmütterlich behandelten Sprachlaute zu seinem Rechte zu verhelfen. geht hervor. wie lebhaft

---

[1]) Vgl. über diese wichtige kleine Schrift folgende Recensionen: Stengel. Literaturbl. für german. und roman. Philol. 1882, No. 6; Koschwitz, Körting's Zs. IV. (Krit. Anz.); Volpert, Herrig's Archiv, Bd. 68, 225; Koch. Anglia VI. 59; Klinghardt. Engl. Stud. VI. 272.

und allgemein der Wunsch nach Reform im Kreise der Einsichtigen sein muss. Zum Glück für die Schule blieben die Stimmen ebengenannter Männer nicht ungehört. Der neusprachliche Unterricht ist teilweise „umgekehrt". er ist besser geworden. obwohl wir mit unseren Reformrufen nicht erlahmen dürfen, um eine Radikalheilung zu erzielen. Wie gebührend, ging mit der „Umkehr" die Theorie voran. Nachdem bereits im Jahre 1879 Wilhelm Vietor seinen wohlgelungenen Versuch für das Englische gemacht hatte (Engl. Schulgrammat.. Leipzig 1879), folgten ihm in den letzten Jahren mehrere Grammatiker nach, so z. B. Karl Deutschbein mit seinem tüchtigen Schulbuche: „Theoret. prakt. Lehrgang der engl. Sprache. 9. Aufl.. Cöthen 1886. Freilich hat Deutschbein seine Flexionslehre nicht so systematisch auf die Lautlehre aufgebaut wie Vietor: er hat aber seinem Buche eine ansprechende lautphysiologische Einleitung mit auf den Weg gegeben. und das ist recht anerkennenswert. Das Gleiche haben, irre ich nicht. in den neuesten Ausgaben ihrer bekannten Schulgrammatiken getan Sonnenburg (aus der Feder Schröer's?) und Zimmermann[1]). Von englischen Aussprachedarstellungen. die den Forderungen der neuern Phonetik gerecht werden, seien erwähnt Steuerwald. Lehrb. der engl. Auspr., München und Leipzig 1883. ferner die ganz aus der englischskandinavischen Schule hervorgegangene Schrift von Aug. Western, Engl. Lautlehre für Studierende und Lehrer, Heilbronn 1885; und endlich die betreffenden Kapitel über Englisch in Victor's „Phonetik" und Trautmann's „Sprachlaute". worüber s. später.

Eine Sonderstellung nimmt ein das Lautlehre. Formenlehre. Syntax und Texte nebst Glossar enthaltende „Elementarbuch des gesprochenen Englisch" von Henry Sweet. Oxford u. Leipzig 1885. Das Büchlein zeigt in klassischer Weise, wie eine gesprochene Sprache darzustellen sei. Alles ist hier streng phonetisch wieder-

[1]) Jedenfalls hat J. W. Zimmermann separat eine kleine engl. Ausspracheschrift erscheinen lassen unter dem Titel: „Die englische Aussprache auf akustischer und physiologischer Grundlage methodisch bearbeitet für den Schul- und Privatunterricht". Naumburg a. S., 1886. (Bereits in 2. Aufl.?) Leider ist der Verf. in seinen Lautbestimmungen bei weitem nicht immer genau. Vielleicht habe ich Gelegenheit. an anderer Stelle einmal ausführlich auf diese Arbeit zurückzukommen.

gegeben, vom einfachen Laute bis zur vielgliedrigen Periode und
nach dem Grundsatze: vor allem präge dir, an der Hand einer
systematisch durchgeführten Lautschrift, das Lautbild ein: dann
erst lerne das traditionelle Schriftbild kennen. Der Schwerpunkt
des Werkchens liegt in der eminent sachkundigen Behandlung
der Satzphonetik, die bisher bekanntlich noch sehr ver-
nachlässigt war. Das „Elementarbuch", ganz besonders der
phonetisch transskribierte Text der Lesestücke, birgt eine Fülle
interessantesten Beobachtungsmaterials. Sweet hat frisch aus dem
ergiebigen Quell der lebendigen Rede geschöpft und giesst, so
zu sagen, den gesammelten Inhalt vor unsern Augen aus. Für
solch eine Gabe sind wir ihm zu aufrichtigem Dank verpflichtet.
Wenn ein Werk geeignet ist, mit den alten Traditionen von
der Behandlung einer lebenden Sprache aufräumen zu helfen,
so ist es dieses. Meines Erachtens ist es einfach epochemachend
und sollte auf dem Arbeitstische eines jeden weiterstrebenden
Neuphilologen zu finden sein.[1])

Gleiches gilt von einem andern, weit umfangreicher angelegten
Werke, das wiederum eine eigene Stellung einnimmt, insofern es
nur indirekt den Zwecken des Unterrichts, direkt aber wissenschaftlichen Zwecken dient. Ich meine Johan Storm's weit-
bekannte „Englische Philologie". Heilbronn 1881. Dieses treffliche, in seiner Art einzige Buch wird allen willkommen sein,
denen es um eine wirklich wissenschaftliche Behandlung und Ver-

---

[1]) Wie mir mitgeteilt wird, soll das Büchlein demnächst in
2. Auflage erschienen — eine Empfehlung für die Brauchbarkeit desselben
und ein gutes Zeichen dafür, dass das Interesse an phonetischen Studien
anfängt, immer breitern Boden zu gewinnen.

In dem nur wenige Druckbogen umfassenden Werkchen steckt ein be-
deutendes Quantum Arbeit, und welch solide Arbeit dazu! Ich glaube zu
einem Urteil berechtigt zu sein, da ich nicht allein ein grosses Stück des
„Elementarbuchs" in Hampstead-London mit Henry Sweet persönlich
durchzusprechen Gelegenheit hatte, sondern auch die phonetischen Texte
mehrmals eingehend durchstudiert habe. Ausserdem las ich eine Korrektur
der 2. Auflage, wobei ich wiederum Veranlassung fand, das Werkchen Zeile
für Zeile durchzuarbeiten. Fast auf jeder Seite begegnen wir fruchtbarer
Belehrung. Wer von uns hat es denn früher gewusst (wenn nicht vielleicht
schon durch Sweet's "Handbook"), oder klar ausgesprochen, dass auslautende
stimmhafte Spiranten wie in *sijz (seize), liv (live)* stimmhaft anfangen und

tiefung der englischen Sprache zu tun ist: alle Lehrer müssen es mit Freuden begrüssen, die mit dem traditionellen pädagogischen Handlanger, dem ominösen maitre de langue, der seinerzeit das neusprachliche Fach so schmählich diskreditiert hat, nichts zu tun haben wollen. Ganz besondere Beachtung verdienen das Vorwort, die Einleitung und der mit Sweet'scher Sachkenntnis behandelte phonetische Teil des Werkes. Dasselbe hat seinerzeit gleich beim Erscheinen die gebührende Beachtung gefunden und ist von berufenen Kritikern aufs anerkennendste besprochen worden. Ich darf hier auf einige der wichtigsten dieser Besprechungen verweisen: Sweet, Academy 1880, 11. Okt.: Ders., Gött. gel. Anz. 1881, S. 44, 1398: Asher, Herrig's Arch. 65. S. 321: Wülker. Lit. Centralbl. 1881, No. 26: Koschwitz, Körting's Zs. III, 112: Thum, Engl. Stud. V, 257: Regel, Engl. Stud. V, 398: Sievers, Litteraturbl. f. germ. u. rom. Phil. 1882, No. 7: Varnhagen, Anzeiger f. d. Altert. IX, H. 2: Trautmann, Anglia IV, 128. Vgl. Breymann, Ueber Lautphysiologie, p. 31.

Soviel über die Schriften, welche auf den neuen Ideen fussend das Englische zum Gegenstand ihrer Behandlung haben. Auf dem Gebiete des Französischen fällt unsere Umschau weniger ergiebig aus, was zu verwundern ist, da gerade diese Sprache in Deutschland sich besonderen Interesses erfreut. Hier haben wir noch keinen Sweet[1]) und keinen Storm: auch von den Laut-

geflüstert schliessen? dass wenn ein geschlossener oder summender ($z, \dot{z}, v, \delta$) Laut voraufgeht, jene (fast) ganz zu Flüsterlauten werden, wie in *fijldz (fields), -auo selz (ourselves)?* dass alle Konsonanten im Englischen „weit" sind? dass die heutzutage allein gebräuchlichen Formen des gesprochenen Englisch *air, aim, ail, aid* u. v. a. *(I're, I'm, I'll, I'd)* lauten, nicht *I hare, I am, I will, I had (better),* die allein emphatische Geltung haben, u. s. w., u. s. w.? Das kleine Kapitel über „Abstufung" ist klassisch und wiegt schon allein ganze dickleibige Grammatiken auf. Und nun die transkribierten Texte! Da sieht man den eminenten, zielbewussten Phonetiker ganz an seiner eigentlichen Arbeit, und da lernt man mit ihm erst, was es heisse, eine lebendige Sprache lernen! Doch das lebhafte Interesse an der Sache führt mich zu weit ab von meinem Thema. Ein ander Mal und andern Orts mehr von dem „Elementarbuch".

[1]) Das kürzlich bei Gebr. Henninger in Heilbronn erschienene Werkchen „Le français parlé" von Paul Passy kenne ich noch nicht. Dort sind auch ganz neuerdings unter dem geschätzten Namen Felix Franke's erschienen: „Phrases de tous les jours" und Supplem. zu „Phrases de t. l. j."

grammatiken für Schulzwecke existieren bis jetzt nur sehr wenige.
Ich nenne Baumgartner. Französ. Element.-Grammatik. Zürich
1882: und besonders Karl Kühn's „Französ. Schulgrammatik",
Bielefeld und Leipzig 1885. Kühn bringt fast noch etwas zu
viel Stoff, namentlich in der Syntax. Es ist jedoch zu vergleichen,
was er über diesen Punkt selbt sagt. „In der Syntax besonders
war ich bestrebt, die sprachlichen Erscheinungen in ihrem Grunde
darzustellen. Hieraus erklären sich die Einzelheiten meist von
selbst. Ob von letzteren schon soviel ausgeschieden ist, als es
das Interesse der Schule verlangt, ist mir zweifelhaft. Es hält
häufig schwer, sich vom Hergebrachten zu trennen"
(Vorr. p. III). Man kann daher der weisen Mässigung, die K.
geübt, nur zustimmen. Der Uebergang vom alten zum neuen
will vermittelt sein, nicht brüsk herbeigezogen, sonst dürften die
Neuerungsbestrebungen mehr Schaden bringen als Nutzen. Jedenfalls steht Kühn's Buch ganz auf dem Boden der Reform und
bedeutet einen grossen Fortschritt gegenüber den Erzeugnissen
der altgrammatischen Schule.

Was phonetische Darstellungen der französ. Aussprache
betrifft, so finden sich solche wiederum bei Vietor und Trautmann in ihren Lehrbüchern. Specialuntersuchungen über die
neufranzös. Laute habe ich nach Vietor's lesenswerter Abhandlung „Schriftlehre oder Sprachlehre" in Körting's Zs. II. 1
und der umfangreicheren Arbeit Lütgenau's in Herrig's Archiv,
Bd. 72, Heft 1, nur in einigen Schulprogrammen und separat
erschienenen Broschüren gefunden, so z. B. Joh. Salzmann,
Ueber die Aussprache der französ. Laute (19 S.), Programm des
Gymnasiums zu Stendal: H. Harth, Die Qualität der reinen
Vokale im Neufranzös., Oppeln, Frank, 1884. Eine eingehende
Darstellung des neufranzös. Lautsystems habe ich im zweiten Teile
dieser Schrift zu geben versucht. Handliche, ganz auf die Ergebnisse der neueren Phonetik basierte Ausspracheschriften, wie
sie für das Englische z. B. von Western (s. oben) bereits vor-
liegen, sind für das Französische sowohl für Lehrer und Studierende
als für die Schule noch Desiderata. Als „Ersatz" dafür haben wir
eine Reihe orthoepischer Werke ältern Datums, welche, obwohl
grösstenteils noch auf den früheren Anschauungen über Lautbehandlung fussend, doch in breiten Schichten der lernbegierigen Jugend und
der Gebildeten Eingang fanden. Es scheint mir nun Pflicht ehrlicher

Reformbestrebungen zu sein. diesen Arbeiten einmal näher zu
treten und an der Hand phonetischer Kritik den Wert ihrer Lautbestimmungen zu prüfen. Ich nehme aus der grossen Anzahl
nicht mehr als vier der bekannteren heraus und bespreche auch
von diesen nur die Konsonanten, um den Leser nicht zu ermüden.
Zur Hand liegt mir Karl Plœtz. Systematische Darstellung der
französ. Aussprache. 9. Aufl. Berlin, 1873.[1])

Die Spiranten.

S. 65. „Aussprache des *s* und *z*.

Hauptregel. Der Konsonant *s* lautet überall scharf
wie ein deutsches ß, ausgenommen wenn er zwischen
zwei Vokalen steht. Der Konsonant *z* lautet stets sanft
wie ein deutsches *s* (in der norddeutschen Aussprache).“
Beides ist ungenau. Denn allerdings ist das anlautende und
vor oder nach Konsonanten inlautende franz. *s* in der Regel ein
scharfer („harter“, stimmloser) Spirant: allein der spirantische
Charakter desselben tritt, wie bei allen Reibelauten, im Französ.
merklich intensiver hervor als in der gemeindeutschen,
namentlich süd- und mitteldeutschen Aussprache.[2]) Was aber den
zweiten Punkt betrifft, so ist das (stimmhafte) *z* (*s* intervokal,
s in *Alsace, balsamine, Dresde, x* in *dixième* etc.) nicht genau
das sog. weiche norddeutsche *s* in berlin. hannov. *Faser, blasen,
sagen*, denn es verhält sich nicht nur bezüglich der Artikulation
ähnlich wie stimmloses *s*, sondern unterscheidet sich auch, wenn
anlautend, hinsichtlich des Stimmtoneinsatzes vom anlautenden
französ.: bei diesem setzt die Stimme zugleich mit der

---

[1]) Zur Zeit der Ausarbeitung vorliegender Schrift war schon längst
eine 10. Aufl. (1877) der „Anleitung“ erschienen; da mir jedoch bekannt
war, dass sie bezügl. der Lautbestimmungen nichts wesentlich verbessert
brachte, so benutzte ich die mir zugängliche neunte. Seitdem ist das Buch
wiederum neu aufgelegt worden (1884). Die Ausgabe ist besorgt von Karl
Plœtz' Sohne. Manches Neue ist hinzugekommen; die Lautbestimmungen
jedoch sind im wesentlichen noch immer die alten, so dass das unten über
die 9. Aufl. Gesagte auch für die 11. gilt.

[2]) Die natürliche, nicht durch phonetische Studien oder sonst be-
einflusste mitteldeutsche Bildung des *s* (auch im Munde der oberen Klassen)
ist, um mit Sweet zu reden, „weit“, im Gegensatz zum franz. *s*, das „eng“
ist (weit = mehr oder weniger lax, eng = straff, energisch artikuliert).

specifischen *s*-Artikulation ein, während nordd. stimmh. *s* mit
Flüsterstimme ansetzt und die Stimmbänder erst dann zum Tönen
verengt werden (s. auch unten im zweiten Teil bei den Reibe-
lauten |*s. z*|).

Abgesehen jedoch von diesen subtilen Unterscheidungen —
was fängt ein junger Süd- oder Mitteldeutscher, von dem wir
annehmen wollen, dass er Norddeutschland nie gesehen oder nie
einen Norddeutschen hat sprechen hören, sich aber über die
mustergiltige französ. Aussprache aus Plœtz gerne Rats erholen
möchte — was fängt dieser an mit jener Bemerkung von der „norddeutschen Aussprache", er der keine Ahnung hat von Klang und
Bildung eines sog. weichen nordd. *s*? Es war daher in erster
Linie des Unterschiedes in der Bildung von **hartem** und
weichem *s* zu gedenken.

S. 92. „Aussprache von *f*, *ph* und *v*.

„Im Französ. lauten *f* und *ph* **genau** wie das deutsche **f**."
Gleicher Einwand wie oben bezüglich der Artikulationsintensität.
Alle französ. Reibelaute, ja alle Konsonanten,[1] sind energischer
gebildet, als die gemeindeutschen. „Das französ. *v* (wé)", sagt
Plœtz weiter, „vertritt die Stelle des deutschen **w** . . . Beim
Unterricht ist vor allen Dingen die deutliche Unterscheidung des
weichen *v* vom harten *f* einzuüben." Hier war der wichtige
Zusatz zu machen: „ebenso ist auf den Unterschied zwischen
französ. *v* und süd- und mitteldeutschem **w** sorgfältig zu achten."
(Über den Unterschied beider *s*, unten bei Besprechung der
Reibelaute in der Maass'schen Schrift.)

Von dem stimmhaften *z* (*j* = *y* vor gelauteten oder geschriebenen Palatalvokalen) heisst es (S. 74): „Es ist derselbe
Laut, den **gebildete Deutsche** dem *g* in den dem Französ.
entlehnten Wörtern lo-*gi*-ren, Pa-*ge*, dem *j* in Journal geben."
Nun ist sicher, dass von hundert süd- oder mitteldeutschen Gebildeten neunundneunzig im Fluss ungekünstelter Rede und bei
solch völlig eingebürgerten Wörtern (logieren, Journal) gar nicht
an den französ. Laut denken, sondern *gj* = *š* (fch) sprechen, denn in
ganz Süd- und dem grössten Teile Mitteldeutschlands ist bekanntlich
z, wie überhaupt stimmhafte Reibe- und Schlusslaute, nicht zu hause.

---

[1] (In French) all consonants are narrow. **Sweet**.

Über das „weiche" *s* (= *gz* in *examen*, *exiger*) sagt das Büchlein, es laute wie gȷ. Man bemerke, gȷ mit deutschen Lettern gedruckt. Mit dieser Bezeichnung lässt sich nicht viel anfangen. *s* soll offenbar weich, stimmhaft sein: aber das *g*! Welchen Laut der Verf. demselben beilegt, erhellt aus seiner Darstellung der Verschlusslaute, zu deren Besprechung ich übergehe.

S. 94. „Aussprache des *b* und *p*.
Die Konsonanten *b* und *p* lauten wie im guten Deutsch."

S. 86. „Aussprache des *d* und *t*.
Die beiden Konsonanten werden gesprochen, wie man sie im guten Deutsch im Anlaut spricht."

S. 74. „Aussprache von *c*, *g* und *q*.
Vor den Vokalen *a*, *o*, *u* und vor Konsonanten lautet *c* wie ein deutsches f, *g* wie ein deutsches g am Anfange der Wörter, also wie in Ꙩatte, Ꙩott, Ꙩut nach der richtigen deutschen Aussprache."

Wir stellen nun die wichtige Frage: wo ist das vielgesuchte Dorado des „guten richtigen Deutsch"? Man antwortet Hannover, etwa die Gegend von Celle. Nun spricht man aber dort — neben anderen Provinzialismen, die hier aufzuzählen nicht der Ort ist — die *p*, *t*, *k*, mit deutlich hörbarem Hauch (*p'a*, *t'a*, *k'a*), während dies im Französischen, wie später ausführlich gezeigt werden soll, nicht stattfindet. Auch andere deutsche Landesteile lassen gerade hinsichtlich ihrer Verschlusslaute, die überall provinzielles Gepräge haben, keine Parallelisierung mit dem Französischen zu. Was die *b d g* anlangt, so spricht sie der Franzose in der Regel stimmhaft, im An-, In- und Auslaut. Für Hannover, ja selbst für das Bühnendeutsch gilt dies nur in sehr beschränktem Grade: Mitteldeutschland (bes. Thüringen, Sachsen, teilw. Schlesien) macht keinen Unterschied zwischen Tenuis und Media, sondern spricht für beide nur einen lenisartigen Kompromisslaut, so dass dort *Taube* und *Daube* absolut eins sind; Süddeutschland endlich markiert allerdings den Unterschied beider Gruppen, so dass *p t k* kräftiger gebildet werden als *b d g* und auch hauchlos erscheinen: allein einmal ist die französische Tenuis noch weit energischer artikuliert als die süddeutsche, und dann ist die französische Media deutlich stimmhaft, während bei süddeutschen *b d g* von Stimmhaftigkeit keine Spur ist.

Hieraus die Lehre: Die Bestimmung fremder Laute hat in erster Linie auf Grund allgemeiner Lautwerte zu geschehen. Vergleichungen mit der Muttersprache oder anderen bekannten Sprachen sind zweckmässig, da sie an Bekanntes anknüpfen und so das Verständnis erleichtern; dieselben sind jedoch immer subsidiärer Natur und mit Vorsicht zu gebrauchen.

Karl Plœtz war ein tüchtiger Kenner der französischen Sprache, und dass er, der fast Jahrzehnte in Paris zugebracht, dieselbe vollkommen national aussprach, ist ganz natürlich. Ihm fehlte aber, wie manch anderem Orthoepisten, eins, das ihn allein befähigt hätte, das Gehörte sicher zu analysieren: die phonetische Durchbildung. Immerhin bekundet er in seiner Anleitung entschiedenes Streben, genau zu sein, und diese von seinem nicht phonetischen Standpunkte aus gewissenhafte Arbeit ist voll anzuerkennen. So betont er mehrfach ausdrücklich, dass im Französischen genau auf den Unterschied zwischen „weichem *b d g*" und „hartem *p t k*", zwischen dem sanften *v* und dem scharflautenden *f* etc. zu achten sei. In seiner Darstellung der *sons mouillés* macht er manch gute Bemerkung, obwohl seine Analyse des palatalen *ŭ* (= *n + j* = zwiefacher Laut!) falsch ist. Mehrfach citiert er selbst Brücke und Max Müller. Auch seine Analyse von französ. *r* ist, wenn auch nicht vollständig, so doch im ganzen richtig und wenigstens vollständiger als das von deutchen Aussprachelehrern des Französischen vor ihm Gebrachte. Dies ausdrücklich hervorzuheben, ziemt unparteiischer Kritik; andrerseits aber muss es ihr auch freistehen zu sagen, dass Plœtz den physiologischen Charakter der französischen Sprachlaute grossenteils verkannt, vielleicht besser nicht richtig erkannt hatte.

Dies Letztere gilt auch von einem andern Aussprachebüchlein, zu dessen Besprechung ich mich jetzt wende. „La prononciation française. Die Kunst, elegant und richtig französisch zu sprechen etc." Von Dr. M. Maass. Berlin 1880.

1. Die Verschlusslaute.

p. 34. „..*b* lautet wie im Deutschen, wird aber mit entschieden aneinandergepressten Lippen gesprochen."

Die Anweisung ist falsch: denn allerdings wird bei der Aussprache von französ. *b* der Process der Verschlussstellung und

Lippenöffnung deutlicher markiert als im Deutschen, wie überhaupt die Lippentätigkeit der Franzosen beim Sprechen sehr entwickelt, jedenfalls aktiver ist als im Gemeindeutschen; allein presse ich, wie Maass will, die Lippen entschieden aneinander und spreche den Laut, nach süd- und mitteldeutscher Art, ohne Mitwirkung des Stimmtons — von der Stimmhaftigkeit ist in der Anweisung ja nichts gesagt —, so steigere ich die Explosionsenergie des medialen Lautes zum Tenuisgrad, also zum direkten Gegenteil.

Was von der Bemerkung (*b* lautet) „wie im Deutschen" zu halten ist, wurde oben bei Plœtz ausgeführt. Noch immerhin ist dieser bestrebt, genauer zu sein, denn er spricht wenigstens vom guten Deutsch.

„*b*", lehrt das Werkchen weiter, „ist am Ende der Wörter laut, wird jedoch niemals zu einem *p*", mit andern Worten: *b* ist an- wie auslautend stimmhafte Explosiva. Was wir auch hier wie bei Plœtz und den anderen Ausspracheanweisungen (s. weiter unten bei Benecke) vermissen, ist die entschiedene Betonung der Stimmhaftigkeit „weicher" französischer Schluss- und Reibelaute. S. darüber unten im zweiten Teil.

Vom *p* heisst es (p. 49), es laute „wie im Deutschen". Wenn irgendwo, so wären hier die entschieden aneinandergepressten Lippen am Platze gewesen.

p. 38. „*d* wie im Deutschen stets weich lautend". Wo und wie lautet dieses *d* im Deutschen „stets weich"?

p. 40. „*g* vor *a, o, u* und vor Konsonanten gleich dem deutschen g."

p. 56. „*t* wird wie im Deutschen gesprochen".

p. 46. „*k* lautet stets wie das deutsche f".

Diese Recepte gebe ich zehn jungen strebsamen Thüringern oder Schwaben oder Hannoveranern und sage ihnen, sie möchten danach die Bildung von französ. *b d g, p t k* lernen. Mit aller Bestimmtheit ist vorauszusagen, dass nicht einer die „elegante und richtige" Pariser Aussprache erwirbt, sondern ein jeder im guten Glauben es recht zu machen, dem französischen Laut seinen eigenen provinziellen substituiert.

Lautbestimmungen wie die obigen sind daher für den Lernenden nichts weniger als zuverlässig.

2. Die Reibelaute.

p. 39. „f klingt (wird gebildet?) wie im Deutschen, ist jedoch scharfartikuliert zu sprechen." Eine gute Bemerkung.

p. 60. „v lautet stets wie das deutsche w". Welches deutsche w? Das des höheren Nordens (Hannover, Berlin, Ostpreussen u. s. w.) ist bekanntlich zahnlippiger, dasjenige Mittel- und Süddeutschlands dagegen doppellippiger Reibelaut. Beide machen einen akustisch ganz verschiedenen Eindruck. Zuweilen wird bei mitteldeutschem w und selbst in der besten Gesellschaft die Reibungsenge noch derart erweitert, dass der ohnehin ganz leicht frikative Charakter des Lautes wegfällt; dabei wird oft auch der Stimmton reduciert (= w), so dass z. B. in wer, Wild (wär, wilt) die Lippen wohl die bilabiale w-Einstellung nehmen, die Stimme jedoch erst in dem Momente einsetzt, wo jene in die Stellung des folgenden Vokals übergehen. Witteld. w sinkt demnach häufig zu einem puren Gleitlaut herab. Dem gegenüber ist daran zu erinnern, dass franzüs. v stets wie norddeutsches w labiodentaler stimmhafter Spirant ist, dessen Reibegeräusch wie begleitende Stimme energisch zum Ausdruck kommen. Mit mittel- und südd. w hat das franzüs. nahezu keine Ähnlichkeit.

p. 52. „s = ß (articulation sifflante)". Mag sein.

p. 53. „s = ſ in Sohn". Diese Lautbestimmung ist unzureichend, ja irreführend, in Anbetracht der lautlichen Geltungsverschiedenheit des s (Sohn) in deutschen Landen.

p. 37. „ch ist das deutsche ſch". Gut; aber schärfer artikuliert wie alle franzüs. Sibilanten. Warum wiederholt hier M. nicht seine gute Bemerkung, die er oben beim f gemacht?

p. 46. „j hat stets den weichen Zischlaut und entspricht dem g vor e und i".

p. 60. „x lautet wie ks (s scharf) .... x lautet wie gß (gʒ? doch wohl Druckfehler für franzüs. gz)". Der Kommentar hierzu steht oben bei Plœtz.

Ueber die Nasalen und l ist nichts zu bemerken. Von r sagt die Anleitung (p. 51): „r wie im Deutschen". Nun existieren im Deutschen verschiedene Bildungsweisen des r, drei ganz gewiss: das alveolare r, das uvulare r und r als Gutturalspirans vor Stimmlosen. Welches ist gemeint? Da ist doch die Plœtz'sche

Lautbestimmung des *r* der von Maass weit vorzuziehen. Plœtz sagt darüber ganz ansprechend (p. 62): „Das *r* ist ein vibrierender oder Zitterlaut. Man kann ein linguales, d. h. mit vibrierender Zungenspitze gesprochenes, und ein uvales, d. h. mit vibrierendem Zäpfchen (uva) gesprochenes *r* unterscheiden. Das letztere wird auch, aber weniger passend, das gutturale *r* genannt. Das uvale *r* ist jetzt wohl in Frankreich vorherrschend. Jedenfalls wird das französ. *r* im Anlaut und im Auslaut, letzteres besonders in den Endungen -*eur* und -*or*, viel schärfer und energischer gesprochen als das *r* der Deutschen." —

Ich verlasse hier die Maass'sche Arbeit und wende mich nun noch zur Besprechung zweier Ausspracheschriften, welche mindestens ebenso gut wie die vorigen beim deutschen Publikum akkreditiert sind. Dies ist erstens der vielverbreitete Toussaint-Langenscheidt, 1. Beilage zu seinem brieflichen Sprach- und Sprechunterricht, betitelt: „Vollständige Darstellung der Aussprache aller Wörter der französ. Sprache, so wie dieselbe gegenwärtig von den gebildeten Franzosen in Paris gesprochen wird," und dann: Albert Benecke, „Die französ. Aussprache. Zum Schul- und Privatgebrauch. 2. Aufl., Potsdam 1880." Was zunächst den Toussaint betrifft, so hat er mit dem vorerwähnten Verf. gemein die Anordnung der Laute nach dem Alphabet! Freilich musste der Bestimmung der Unterrichtsbriefe gemäss ihm daran liegen, dem Verständnis eines grossen Publikums möglichst entgegenzukommen, also in populärer Form vorzutragen. Wie oben bemerkt, geben die Briefe eine „vollständige Darstellung der Aussprache aller Wörter der französ. Sprache". Um die Aussprache eines Wortganzen zu geben, muss man notwendig erst auf die Elemente desselben zurückgehen und sie lautlich analysieren. Toussaint erkennt dies selbst an, indem er sagt: „Will der Lernende wissen, wie ein Wort ausgesprochen werde. so suche er in den nachstehenden, nach Vokalen und Konsonanten geordneten Abschnitten diejenige Silbe oder denjenigen Buchstaben auf, dessen Aussprache ihm zweifelhaft ist." Diese Toussaint-Langenscheidt'sche Aussp_rachedarstellung der französ. Laute (Touss.: Buchstaben) bedeutet nun Maass und Plœtz gegenüber leider keinen Fortschritt. Zum Beweise dafür dienen Stellen wie die folgenden. Beim *p* heisst es: „Die eigentliche Artikulation dieses Lippenbuchstaben (!) hört man in *peuple, père, papier.*" Beim *j* ($\frac{4}{5}$): „dieser Zischbuchstabe behält immer den ihm eigenen Laut in *jeune, jamais, joujou*". Wie aber wird dieses *p* bezw. *j* gebildet? Wie lautet es? Dies eben will der Lernende sehr genau wissen, und er hat ein gutes Recht dazu. Die Verf. der Unterrichtsbriefe sprechen immer von „Artikulationen". Das Wort an sich ist ja gut; allein man sieht nicht klar, was damit gemeint wird: verstehen die Verf. darunter Bildung und Aussprache der Laute, so ist ihre Darstellung der französ. Konsonanten von vornherein mit der grössten Vorsicht aufzunehmen. So heisst es beim *b*: „dieser Lippenbuchstabe behält immer seine eigentliche Artikulation (b; wohl zu beachten: deutsch b in Parenthese!), sowohl im Anfang als in der Mitte der Wörter." Beim *f*: „dieser Lippenbuchstabe (*f* ist ja ein labiodentaler — „Buchstabe"!) hat zwei Artikulationen: eigentliche: *f, feu, fermer;* zufällige: w (deutsch w ist gedruckt!) *neuf enfants, neuf hôtels.*" Beim *g*: Dieser Gaumenbuchstabe hat drei Artikulationen: eigentliche: g (in Gott), wie *gala, guérir*; zufällige: *j* (in Genie), wie *gésir, gîte.*

k (f) wie in *rang élevé, long hiver.*"

Beim *k* heisst es weiter: „Dieser Gaumenbuchstabe hat immer den Laut des deutschen f". Endlich *v*: „dieser ... Lippenbuchstabe (!) wird wie das deutsche w gesprochen."

Was man von solchen Lautbestimmungen zu halten hat, ist oben ausführlich gezeigt worden.

Zu dem Ende noch die Bemerkung über *r*: „dieser Zungenbuchstabe wird rein und rollend gehört[1]) in *régiment, arbre, dur.*" Was heisst rein? Vielleicht soll das *r* rein sonor gehört werden, ohne spirantische Beimischung? Und was heisst rollend? Womit soll gerollt werden, mit der Zungenspitze oder substituierend mit dem Zäpfchen? Nun aber sind Zungenspitzen- und uvulares *r* physiologisch wie akustisch zwei verschiedene Dinge, und in der mustergiltigen neufranzös. Aussprache ist wohl ausschliesslich nur das eine im Gebrauch. Hier ist also wiederum der Lernende ganz unzureichend belehrt. —

Nachtrag. Das Vorstehende war bereits seit mehreren Jahren niedergeschrieben, dem Druck jedoch aus mannigfachen

---

[1]) Man bemerke nebenbei: ein Buchstabe wird gehört.

Verhinderungsgründen nicht übergeben worden. Jetzt ist die Geltung der Kritik überholt durch eine wesentlich umgearbeitete Gestalt derselben Lehrbriefe, die den Gegenstand unserer Betrachtung bildeten. Trotzdem lasse ich die Kritik des älteren Toussaint in ihrer ursprünglichen Fassung stehen, um zu zeigen, was er war und was er jetzt ist. Die Umarbeitung ist mit Freuden zu begrüssen und beweist, dass die neuere Bewegung zu Gunsten einer phonetischen Reform der Lautlehre moderner Sprachen an den Verf. der Lehrbriefe nicht ohne Wirkung vorübergegangen ist. Ich habe zwar nur den 1. Brief einer solch neuen Auflage zur Hand, nicht auch die Beilage. Gleichwohl lässt sich schon aus diesem allein der neue Standpunkt der Verf. unschwer erkennen. Man liest jetzt nichts mehr davon, dass ein „Buchstabe gehört", dass f mit den Lippen gebildet werde, dass französ. $b\,d\,g$ gleich den deutschen Lauten seien u. a. m. Dafür wird der Laut betont, auf den Unterschied zwischen „hart = tonlos", „weich = tönend" hingewiesen und die nähere Erklärung dieser Ausdrücke gegeben; da wird gesagt, dass, wenn ich die französ. Konsonanten $c\,z\,\check{s}$ (Touss. figuriert sie anders) richtig ausspreche, die an den Kehlkopf gelegten Fingerspitzen fühlen, dass derselbe leise erzittere. Dieses Erzittern rühre her von den Schwingungen der im Kehlkopfe tönenden, den Ton der Stimme erzeugenden Stimmbänder. Man höre, dass gleichzeitig mit $r\,z\,\check{s}$, im Gegensatz zu $f\,s\,\check{s}$, ein dumpfer vokalischer Laut ertöne. Ganz ebenso ständen sich $b\,d\,g$ und $p\,t\,k$ gegenüber. Bei Aussprache der weichen Konsonanten $b\,d\,g$ fühle man das Erzittern des Kehlkopfes, man höre deutlich den sie begleitenden dumpfen Vokal, bei $p\,t\,k$ dagegen nicht. Man solle auch beachten, dass $b\,d\,g$ von vornherein mit Stimme durchtränkt ertönten, bei $p\,t\,k$ aber höchstens ein gelinder vokalischer (?) Laut nachklinge. Ferner werden Süd- und Mitteldeutsche daran gemahnt, ihre $b\,d\,g$ nicht mit den französ. Lauten zu verwechseln. Solche Dinge lassen sich hören! Wenn man sich auch noch nicht in allen Punkten mit den Verf. einverstanden erklären kann — so mit dem, was sie über mouilliertes $\check{n}$, über r (p. 24) u. a. sagen —, und wenn auch der Standpunkt derselben bei weitem noch nicht ein streng phonetischer ist, wenn besonders auch ihre Gruppierung der französ. Laute in ein einfaches System noch sehr des wissenschaftlichen Korrektivs ermangelt — das eine ist unbestreitbar, dass die T.-L.'schen Lautbestimmungen gegen früher ganz wesentlich genauer und schon jetzt wohl geeignet sind, das grosse, die Unterrichtsbriefe studierende Publikum in solider Weise zu belehren. Nun kann das popularisierende, in breiten Bevölkerungsschichten wohl aufgenommene Werk viel zuversichtlicher seine dankenswerte Aufgabe erfüllen; und von nun an kann man sich auch den Worten Kräuter's anschliessen, dass „es gewiss nicht am wenigsten dem Wirken Toussaint-Langenscheidt's zuzuschreiben ist, wenn in Deutschland das Französische allmählich etwas weniger barbarisch und ohrenzerreissend (aus)gesprochen wird." —

Ich komme endlich zu Albert Benecke. Seine oben citierte Anleitung gehört neben Sachs (Wörterb.) und dem neubearbeiteten „Toussaint" zu dem Besten, was bisher in der Darstellung der französ. Aussprache in Deutschland geleistet worden ist. Wie alle, namentlich die grammatischen Schriften B.'s, so zeichnet sich auch diese durch scharfe Disposition des Stoffs und Klarheit der Darstellung vor andern ähnlichen Schriften vorteilhaft aus, und sein Werkchen würde zu keinerlei Ausstellung Anlass geben, wären seine Lautbestimmungen ganz frei von Tadel. Phonetische Studien scheint B. gemacht zu haben; mehrfach beruft er sich auf lautwissenschaftliche Werke wie Brücke, Sievers, Rumpelt; allein er zieht daraus nur für einzelne Partieen seiner Darstellung einigen Nutzen (so für seine Nasalvokale — ein hübscher Exkurs! —, für die sons mouillés etc.), nicht aber für das Ganze des französ. Lautsystems, was er ohne Frage hätte tun sollen. Sehr richtig sagt der Verf. (Französ. Ausspr., Vorr. zur 2. Aufl. i. A.): „Ich gehe von der Tatsache aus, dass in denjenigen Klassen, in welchen auf Formenlehre, Einführung in die Lektüre und Aneignung von Wörterkenntnis seitens des Lehrers hauptsächlich Gewicht gelegt wird, sehr häufig die Einübung der Aussprache nicht mit der nötigen Gründlichkeit vor sich geht. Die natürliche Folge davon ist, dass den Schülern höherer Klassen Korrektheit in der Aussprache des Französischen fehlt, weil sie nicht hinreichende Einsicht in die Natur der Laute erlangt haben." Und weiter: „Wer sich richtige Aussprache des Französischen aneignen will, muss sich vor allen Dingen über die Natur und die Differenz der Laute belehren, und Bewusstsein von der Existenz ihrer Verschiedenheit haben." Ein treffliches wahres Wort! Nur ist schwer zu begreifen, dass dann B., wenn mit solcher Einsicht ausgerüstet, schier alles und nichts bedeutende Lehren vortragen konnte, wie diese (p. 96 ff. seiner Anleitung): *p* lautet wie p, *h* wie b, *f* wie ſ, *r* wie ṁ (!), *t* wie t oder ß, *d* wie b, *s* = hart in reissen, oder weich in reisen, *c* (vor *a, o, u*), *k*, *q* wie ť, *g* wie g in gab oder (mit *j*) wie g in genieren, u. s. w. Mit Lautbestimmungen solcher Art darf sich ein phonetisch gebildeter Aussprachlehrer selbst in einer populären Schrift nicht zufrieden geben. Für das Volk, heisst es, sei ja das Beste gerade gut genug.

Damit soll die Besprechung der angeführten Schriften geschlossen werden. Es wäre leicht, noch viele andere hierher gehörige Arbeiten, selbständige Ausspracheschriften sowohl als namentlich eine grosse Zahl franzős. Schul- und anderer Grammatiken, welche der Aussprache in der Regel einige Seiten zu widmen pflegen, in den Kreis unserer Betrachtung zu ziehen. Es erschien jedoch genügend, aus der Menge dieser Schriften, besonders aus denen, welche vorzugsweise sich mit der Darstellung der Aussprache des Neufranzösischen beschäftigen, exemplificierend einige bekannte und in besonderem Ansehen stehende herauszugreifen, um an denselben die Art und Weise der traditionellen Lautbehandlung zu veranschaulichen und deren Wert zu prüfen.[1] Ich hoffe nun an der Hand einer, wie ich mir denke, streng sachlichen Kritik gezeigt zu haben, dass die Verf. der besprochenen Werkchen sämtlich — obwohl in verschiedenem Grade — an einem Hauptmangel leiden, dem einer gründlichen Bekanntschaft mit der Natur der Sprachlaute im allgemeinen und der der französischen im besondern. Diesen Mangel teilen mit ihnen und verraten in ihren Schriften eine ganze Reihe anderer Orthoepisten.[2] Ja selbst gewisse, in neusprachlichen Dingen kompetente

---

[1] Ich wiederhole, dass meine Besprechung lediglich den **Lautbestimmungen** jener Schriften gilt; dieselben bringen sonst viel Gutes, das ich rückhaltslos anerkenne.

[2] Dem Zwecke dieser Schrift gemäss, habe ich nur die Lautbestimmungen **französischer** Aussprachedarstellungen besprochen. Es dürfte jedoch nicht schwer sein, auch auf **englischem** Gebiet noch immer reichen Stoff

Männer, tüchtige Grammatiker, wirkliche Wissenschaftler, deren sonstige litterarische Verdienste ausser allem Zweifel stehen und deren Namen man nur mit schuldiger Hochachtung nennt, verraten, sobald sie sich auf dem Gebiete der Lautanalyse bewegen, eine manchmal befremdliche Unkenntnis der Resultate der neueren Lautforschung. Gerade das Beispiel solcher Autoritäten aber verleitet zahlreiche Jünger zur Nachahmung, und wenn einer der oben erwähnten Verf. bei seiner Darstellung der französ. Laute sich hin und wieder auf solch eine Autorität beruft und dabei fehlgeht, so ist das entschuldbar. Geschieht dies bei Fachmännern, was sollen die Laien tun? Der Laie beruft sich auf seinen Lehrer; er sucht bei ihm solide Belehrung, vertraut sich ihm rückhaltlos an und hat ein gutes Recht dazu. Was aber kann der Laie lernen, wo der Lehrmeister selbst Unrichtiges lehrt?

zu kritischer Besprechung zu finden. So finde ich beispielsweise in der neuen Auflage einer vielverbreiteten, sehr fleissig gearbeiteten Schulgrammatik („Grammat. der engl. Sprache für obere Klassen höherer Lehranstalten"), deren Verf. sonst tüchtig englisch versteht, unter anderen folgende Lautanalysen: *a* = *e* (*ee*, *eh*), *o* = *o* (*oo*, *oh*); von dem diphthongischen Charakter dieser Vokale findet sich nichts erwähnt. *u* = ju (in Jubel). Ich spreche als Mitteldeutscher χaul! *b* in *rob* soll lauten wie in „ich raub' und plündere, nicht wie in Raub und Beute". Ich spreche hier raub' und Raub beide Male völlig gleich und zwar *b* als Tenuis! *l* soll lauten „wie im Deutschen". Welcher Unterschied aber in der Bildung des *l* von deutsch will und engl. *will!* Anlautendes *r* soll hervorgebracht werden durch scharfe Vibration der Zungenspitze. Nun ist dieses *r* ein fast vokalischer, glide-artiger Laut, bei dem die Zungenspitze nicht nur nicht vibriert, sondern den Gaumen überhaupt nicht berührt. Das stimmhafte *ð* in *there*, *mother* wird nach dieser Grammatik gebildet, indem man die Artikulation des *th* in *thick* beibehält und „unter sanfterer Berührung der Oberzähne einen schwächeren Hauch zum Ausstossen des Konsonanten anwendet!" Beim *w* (*were*, *water*) findet sich nichts erwähnt von der zur Bildung dieses Lautes durchaus nötigen Hebung der Hinterzunge. Dass unter solchen Umständen subtilere Lautnüancen gar keine Beachtung gefunden haben, ist nur natürlich. So werden die engl. *p t k*, die *s z-*, *š ž*-Laute den entsprechenden deutschen bezw. französischen qualitativ vollkommen gleichgesetzt, u. a. m. — Man kann sich dreist anheischig machen, ein halbes Dutzend gangbarer Grammatiken oder Aussprachedarstellungen der englischen Sprache zu finden, wo es noch ganz anders aussieht.

Deshalb noch einmal: hinweg mit diesem Rest lautlicher Irrlehren aus der Quondamzeit — hinweg vom litterarischen Markte und — aus der Schule! Besonders hier lebt und wuchert an manch einem Orte das alte Aussprachübel durch das bequeme und wirksame Medium der mündlichen Überlieferung wacker fort und zeitigt die wohlbekannten Früchte. Wie lange ist es denn her, dass man das Aschenbrödel auf deutschen Gelehrtenschulen, die französische Sprache, ohne Bedenken den Händen eines Theologen oder eines Altphilologen anvertraute, der in seinem Fache sehr Tüchtiges leisten mochte, der aber während seiner Universitätszeit ganz andere Dinge zu tun hatte, als sich um das Studium der französischen Philologie, insonderheit der Aussprache zu kümmern und der nun seine Schüler — tant bien que mal — mit den lockeren Reminiscenzen seiner Gymnasialjahre traktiert! Wie oft übernehmen diese Männer mit Widerwillen und „nur der Not gehorchend, nicht dem eignen Trieb," ein Fach, über welches sie wohl selbst geringschätzig urteilen, vielleicht gar spötteln.[1] Wo soll da ein erspriesslicher Unterricht herkommen! Man kann sicher sein, auch noch heute einzelne höhere Unterrichtsanstalten zu finden, wo dieser Zustand herrscht. Jedenfalls gibt es noch Anstalten genug, die von Lehrern mit ganz unzureichender Vorbildung in der Aussprache besetzt sind, mit Lehrern, wie ich deren selbst kenne, denen die elementare Scheidung zwischen stimmhaften und stimmlosen Spiranten etwas Fremdes ist; die ihr Lebtag noch keine reine Tenuis, noch eine tönende Media gesprochen; die den subtilen französ. son mouillé (in etwa -ail und -agne) mit den beliebten aiχ- und anχ-Bildungen verwechseln und bei deren Aussprache der Nasalvokale man sich am liebsten die Ohren verschliessen möchte! Wer hat es denn verschuldet, wenn wir hie und da noch immer von ganzen Klassen und Privaten einen wahren Greuel von Aussprache zu hören bekommen? Es ist nicht unverdient, wenn der sarkastische Philosoph[2] die Geissel der Persiflage über uns schwingt und ausruft:

---

[1] Vgl. hierzu Hermann Breymann's lesenswerte Schrift: Die Lehre vom französ. Verb etc. München, 1882. (S. die ganze interessante Einleitung, pp. 5—43.)

[2] F. Th. Vischer. „Schartenmayer", Nördlingen, 1873. Strophe 238.

„Sprecht ihr aber doch französisch,
Soll's nicht klingen wie chinesisch.
Träng, Detalch und Reglemang
Ist ein sonderbarer Klang!"

Wahrhaftig -- ein sonderbarer Klang. Ob unter dieser entstellten Maske der Franzose sein nationales Sprachgut wiedererkennt?! Es berührt auf die Dauer peinlich. wenn in französ. Blättern über unsere Aussprache des Französ. immer wieder der Stab gebrochen wird. Bemerkenswert ist, dass man gerade die mangelhafte Aussprache von uns Deutschen betont. Mag hier vielleicht ein Stück politischer Antipathie das ungünstige Urteil verschärfen — sicher ist viel Wahres daran. Es wäre ein dürftiger Trost, zu entgegnen, dass es die Franzosen mit unsrer eignen Sprache nicht besser machen, da sie deren Laut- und Klangcharakter beim mündlichen Gebrauch oft verunstalten. Hier handelt es sich nicht um eine Art *jus talionis*, das hier am verkehrten Platze wäre. Nach vielverbreiteter Ansicht werden unsere transwasgischen Nachbarn als minder befähigt angesehen zur Erlernung fremder, namentlich lebender Sprachen, und sie selbst sogar schreiben sich kein grosses „Sprachtalent" zu; dagegen wird nächst den Slaven den Germanen (vorzugsw. Nordgermanen und Deutschen) eine besondere sprachliche „Begabung" beigemessen. Ob diese Ansichten tatsächlich begründet sind, mag noch dahingestellt bleiben.[1] Es ist aber neben der moralischen Forderung, dass nur Richtiges und dieses Richtige gründlich gelernt werde, m. E. auch ein Stück nationaler Ehrensache, in der Folge unsern Nachbarn zu zeigen, dass wir nicht zu stolz waren, an unserer Vervollkommnung zu arbeiten, und dass der Tadel ihrer Kritik

---

[1] Man vgl. Sweet's Ansicht über diesen Punkt (Handbook of Phonetics, Pref. p. XIII): It is a great mistake to suppose that any one nation has *a special gift* for acquiring sounds or foreign languages generally. Each nation has its special defects or advantages. . . . When Englishmen (and even Frenchmen) really devote themselves to the practical study of language, they prove quite equal to other nations. . . . It cannot, of course, be denied that some languages are a worse preparation for the acquisition of foreign sounds than others, but a *thorough training in general phonetics* soon levels the inequality, and enables the learner to develope his special gifts *independently of outward circumstances.*

uns besser gemacht hat. Wir wollen nun einmal französisch
aussprechen lernen — wie die Franzosen! Es komme einer und
sage, wir könnten es nicht. Freilich verlangt die Erfüllung dieser
Aufgabe eine redliche. mühevolle Arbeit. Aber „kein Preis ohn'
Fleiss!" Uns ist die Sache nicht so leicht gemacht als beispielsweise den Slaven; denn abgesehen davon. dass den Bevorzugten
unter ihnen das Französ. von Jugend auf gleichsam als zweite
Muttersprache gelehrt wird, haben sie auch, besonders die Russen,
ein sehr ausgiebiges Lautsystem, so dass die französ. Sprache
kaum einen Laut besitzt, der im Slavischen nicht auch vertreten
wäre. So sind für die Slaven die Vorbedingungen äusserst
günstig. Leider befinden wir uns nicht in gleich vorteilhafter
Lage. Bin ich Mittel- oder Süddeutscher, so gibt es für mich
bei Erlernung der französ. Aussprache nicht unerhebliche Schwierigkeiten zu überwinden, gar manch eine neue Artikulation zu
lernen, gar manch einen ungewohnten Laut anzueignen, von dem
ich vorher keinen Begriff hatte. In der Hervorbringung solch
neuer Laute zeigt sich das menschliche Sprechorgan vorerst un-
geschickt. ungefüge, es strauchelt bei jedem Anlass, ist gleichsam
rebellisch, und nur in diesem Sinne ist der beliebte französ.
Ausspruch zu verstehen, dass „la bouche teutonne *se rebelle* à la
bonne prononciation française". Im übrigen ist der deutsche
Mund nicht mehr und nicht weniger ungefügig als jedes
andere, der neuen Laute ungewohnte Organ. Den Bau
der Sprechwerkzeuge haben wir mit Slaven und Romanen
gemein: das Ganze ist nur, jene Werkzeuge zur Erzeugung
ungewohnter Lautgebilde praktisch und theoretisch zu be-
fähigen. Auch theoretisch! Bereits oben wurde erwähnt,
dass es nur ein Mittel gibt, aber ein absolut sicheres.
diese Befähigung zu erlangen: das Studium der allgemeinen
Phonetik. Die richtige bewusste Erkenntnis der
Natur der Sprachlaute macht allein geschickt zur
richtigen, bewussten Wiedergabe derselben.

Dieses so überaus wichtige, bei uns leider zu allgemeiner
Würdigung noch gar nicht gekommene Studium ist in erster
Linie für diejenigen unentbehrlich, welche dem Unterricht der
neueren Sprachen professionell obliegen, sei es in Wort oder Schrift.
Ein längerer Aufenthalt im Auslande oder in Ermangelung desselben
fleissiger Umgang mit Eingeborenen oder mit Inländern, welche

des fremden Idioms völlig mächtig sind, ist ein bequemes und wohl zu beachtendes Mittel, die Aneignung der fremden Laute fördern zu helfen: allein geschieht dieselbe nur auf solchem Wege, so ist sie, weil mehr oder weniger mechanisch, unbewusst, nur unsicheres Gut. Sie soll bewusst, vollbewusst geschehen, wozu sie eines wissenschaftlichen Korrektivs bedarf. Dies kann nur sein eine gediegene phonetische Vorbildung.[1]) Wie diese Bildung zu erwerben sei, lehrt uns der bereits mehrfach erwähnte, eminente englische Phonetiker Dr. Henry Sweet. In seinem "Handbook of Phonetics", Vorr. p. 12, sagt er: "The proper way of studying phonetics is, of course, to go through a regular course under a competent teacher, for phonetics can no more be acquired *by mere reading* than music can. Those who have no teacher must begin with carefully analysing their own natural pronunciation, until they have some idea of its relation to the general scale of sounds. They can then proceed to deduce

---

[1]) Es ist so, wie Arnold Schröer in seiner bereits oben erwähnten trefflichen Schrift „Über den Unterricht in der Aussprache des Engl." p. 15 durchaus richtig bemerkt, dass „wir durch theoretische Erkenntnis der Bildung fremder Sprachlaute und durch mechanische Nachahmung die Aussprache fremder Sprachen bis ins einzelne wiedergeben können". Wir müssen zwei Subjekte aus uns machen, ein beobachtendes und ein beobachtetes, und müssen dahin kommen, uns mit völliger Klarheit selbst sagen zu können, ob wir die fremden Laute richtig sprechen oder nicht. Dann, aber auch nur dann, ist das Einzelindividuum einer fremden Sprachgenossenschaft für uns nur noch Beobachtungsmaterial, keine Autorität mehr; denn — um noch einmal mit Schröer (l. c. p. 23) zu reden — Autorität sind wir uns dann selbst geworden. — Wenn unsere ersten Phonetiker fremde Sprachen national aussprechen, so ist dies nur natürlich; es ist beweisend für den Wert phonetischer Durchbildung. Henry Sweet spricht ein ausgezeichnetes Deutsch, wie ich in längerem persönlichen Verkehr mit ihm zu beobachten reichlich Gelegenheit hatte. Im Frühjahr d. J. las Mr. Ellis in der (London) Philological Society ein „Paper" des † Dr. Stock über den Heidelberger Dialekt. Die dabei vorkommenden zahlreichen Dialekt- und hochdeutschen Formen sprach er überraschend gut aus. Von Mr. Ellis hörte ich grosses Lob über Sievers' Englisch, das auch von anderer, kompetenter Seite bestätigt wurde. Johan Storm soll fähig sein, stundenlang französisch, besonders aber englisch zu diskurieren, ohne dass ihm ein unidiomatischer Laut entschlüpft. Auch Trautmann soll sehr gut englisch (aus)sprechen. Aehnlich wird es wohl auch mit den übrigen Phonetikern sein.

the pronunciation of unfamiliar sounds from their relation to known sounds, *checking the results by a practical study of the languages in which the new sounds occur*." Der erste Weg — unter Anleitung eines tüchtigen Lehrers zu lernen — ist freilich der leichtere und zuverlässigere; wer jedoch nicht in der glücklichen Lage ist, sich desselben zu bedienen, muss eben seine Zuflucht zu dem zweiten, mühseligeren nehmen. Doch lässt sich mit dem ganzen Aufgebot eines ehrlichen Willens auch hier noch immer etwas Rechtes erreichen. Bei dunkeln Punkten, deren es für den Anfänger in der phonetischen Wissenschaft gar manche gibt, muss man allerdings, wenn irgend möglich, sachverständigen Rat einholen; denn auch hier, wie überall, kann ein Quantum mangelhaft oder gar nicht verdauten Stoffs leicht verwirrend und entmutigend wirken.

Als "competent teachers" (s. oben bei Sweet) kommen natürlich in erster Linie in Betracht, namentlich für die Studierenden, diejenigen unserer Universitätsprofessoren, welche über Phonetik Vorlesungen halten und mit ihren Hörern praktische Übungen anstellen. Wir sind so glücklich, bereits eine hübsche Reihe dieser Pioniere der Reform nennen zu können. So Sievers in Tübingen, Trautmann in Bonn, Vietor in Marburg, Breymann in München, Schröer in Freiburg, Brandl in Prag, (Vollmöller in Göttingen?) und wohl noch andere, von deren phonetischen Vorlesungen ich bis jetzt keine Kenntnis habe. Für Berlin ist noch Julius Hoffory zu erwähnen. Auch in Heidelberg zeigte für das W. S. 86/87 ein akademischer Lehrer eine auf Grund von Sweet's „Elementarbuch des gesprochenen Englisch" zu haltende phonetische Vorlesung an.

Für nicht phonetisch gebildete, neuphilologische Lehrer dagegen, welche nicht in obigen Universitätsstädten unterrichten und die das Bedürfnis haben, sich vermittelst mündlicher Unterweisung mit der Phonetik vertraut zu machen, bleibt nur übrig, sich an Kollegen zu wenden, welche entweder auf der Universität eine tüchtige fachwissenschaftliche Ausbildung genossen haben, oder aber in Ermangelung jener an fähige Autodidakten. Freilich sind oft weder die einen, noch die andern zu haben, und dann bleibt als alleiniger Weg nur der der Selbstunterweisung übrig auf Grund der ziemlich ausgiebigen phonetischen Litteratur der

Gegenwart. Von den deutschen Werken empfehlen sich vo
allen vier:

Ernst Brücke. Grundzüge der Physiologie und Systematil
der Sprachlaute. 2. Aufl., Wien 1876.

Eduard Sievers, Grundzüge der Phonetik. 2. Aufl.
Leipzig 1881.[1]) 3. Aufl., ebenda 1886.

Wilhelm Vietor, Elemente der Phonetik und Orthoëpi
des Deutschen, Englischen und Französischen mit Rücksicht au
die Bedürfnisse der Lehrpraxis. Heilbronn 1884.

Moritz Trautmann, Die Sprachlaute im allgemeinen un
die Laute des Englischen, Französischen und Deutschen im be
sondern. Leipzig 1884—86.

Auch die einschlägige englische Litteratur ist ergiebig
Als grundlegende Werke mögen genannt werden:

Alex. Melville Bell, Visible Speech, the Science o
Universal Alphabetics etc. London 1867. (S. unten im 2. Teil.

Ein handlicher Auszug daraus ist desselben Verf. Visibl
Speech for the Million, London, Trübner.

Alexander J. Ellis, On Early English Pronunciation
(gewöhnlich abgekürzt in E. E. P.) with Especial Reference t
Shakspere and Chaucer. 4 Bde, London 1869 ff. Der fünfte, da
grosse Werk abschliessende Band ist in Bearbeitung.

Henry Sweet, A Handbook of Phonetics including
a Popular Exposition of the Principles of Spelling Reform
Oxford, Clarendon Press, 1877. (S. auch hierüber unten im 2. Teil.

Endlich ist noch zu vergleichen das neueste Werk Bell's
Sounds and their Relations, London 1882.

Die Werke all' dieser Phonetiker (mit Ausnahme von Bell'
letztgenannter Arbeit, Vietor's „Phonetik" und Trautmann's
„Sprachlaute"), sowie die einiger älteren sind in einem treff
lichen Exkurs eingehend beleuchtet von Johan Storm in seine
schon früher erwähnten „Engl. Philologie", worauf hier ver
wiesen wird.

Für den Anfänger handelt es sich vor allem um eine gründ
liche Einführung in die allgemeine Phonetik. Zu diesen

---

[1]) In dieser Schrift ist durchgehends noch diese Auflage citiert worden

Behufe dürften in erster Linie Sievers und Sweet, auch Trautmann geeignet sein. Vietor (teilweise auch Trautmann) verfolgt mehr die Zwecke der angewandten Phonetik, obwohl auch er, teilweise eingehend und mit tüchtiger Sachkenntnis, allgemein phonetische Fragen behandelt. Später kann vergleichsweise das Studium von Brücke, Ellis, Bell folgen. Aus der Vergleichung dieser Werke wird der Studierende lernen, dass er sich verschiedenen Systemen (Schulen) gegenüber befindet, zu denen er dann selbst Stellung nehmen mag, wenn er fähig geworden ist, dieselben zu überschauen. Es ist zweckmässig, sich mit einem dieser Systeme eingehend zu befassen. Aber es wäre ein grosses Unrecht gegen die Achtung verdienende wissenschaftliche Ueberzeugung anderer und ein grosser Schade für die Weiterentwickelung der phonetischen Wissenschaft, wollte man durch die Annahme des einen Systems alle andern strikt ausschliessen, wohl gar ihnen feindlich gegenüber treten, wie dies leider geschieht. Gutes haben sie alle: die Hauptsache ist, dies Gute zu finden und in der Praxis des Lebens nutzbringend zu verwerten. —

Ich bin am Ende meiner kurzen Studie über Aussprachereform. Summa der voraufgegangenen Erörterungen: Reform ist erst teilweise gelungen und noch weit entfernt, überall durchgeführt zu sein. Woran dies liegt? Nun, Aufgabe von uns Lehrern ist es ja, die junge Generation heranzubilden. Bieten wir ihr Brauchbares, so lernt sie Brauchbares. Ich kann aber nur geben, was ich selbst habe: ich kann den Schüler zureichend nur unterweisen, wenn mein Lehrapparat selbst nicht mangelhaft ist. Wollen wir deshalb von einer unbedingten Radikalkur des französisch-englischen Ausspracheunterrichts reden, so gilt es — soweit und wo Veranlassung vorliegt — diese Kur bei uns selbst zu beginnen.

Dies schliesst eine Forderung ein, welche im Interesse des Unterrichts unabweisbar ist. Jeder wissenschaftlich gebildete, öffentlich unterrichtende Lehrer der neueren Sprachen muss in Zukunft eine nationale Aussprache der fremden Idiome besitzen. Wie er dieselbe praktisch erwirbt, ist ihm anheimzugeben. Auf jeden Fall aber soll er tüchtige grundlegende Sutdien in der allgemeinen, wie in der Phonetik derjenigen

Sprache oder Sprachen gemacht haben, in denen er zu unterrichten gedenkt. Bei der Staatsprüfung sind daher eingehende
Ermittelungen auch nach dieser Seite hin anzustellen und ein
jeder zurückzuweisen oder auf einen niederen Grad zu reducieren,
der diese Bedingungen nicht erfüllt (eine Praxis, die seinerzeit
Bernhard Schmitz in Greifswald geübt haben soll). Treten
wir alle so vorbereitet an den Unterrricht heran, so wollen wir
sehen, wo dann auf unsern Schulen die von Prof. Trautmann
mit Fug und Recht gebrandmarkte „grauenvolle" Aussprache des
Französischen und Englischen bleibt!

Zweiter Teil.

Die Laute des Neufranzösischen.

Bei der Darstellung der französischen Sprachlaute soll auch hier von·jener Zweiteilung ausgegangen werden, welche Sievers in seiner Phonetik aufgestellt hat und von welcher hier abzuweichen ein Grund nicht vorliegt: wir meinen die in

    a) Sonore (Reine Stimmtonlaute, Stimmlaute) und
    b) Geräuschlaute.

Das menschliche Sprachorgan nämlich „erzeugt zum Zwecke der Sprachbildung Schälle von wesentlich zwiefacher Art: musikalische Klänge und Geräusche. Die ersteren haben ihren Ursprung ausschliesslich im Kehlkopf, ihre gemeinsame Grundlage ist der Stimmton, die letzteren werden (mit geringen Ausnahmen) im Ansatzrohr gebildet." Dieses Einteilungsprincip der Sprachlaute erscheint praktisch und zureichend, da unter dasselbe alle aus dem Bereich der indo-europäischen Sprachen uns bisher bekannt gewordenen Laute sich subsumieren lassen. Ja auch ausserhalb dieses Gebiets stehende lautliche Erscheinungen, wie z. B. die Schnalz- oder Sauglaute der Hottentotten lassen sich an der Hand jener Einteilung ohne Schwierigkeit klassificieren. Gleichwohl trifft dieselbe in ihrer vorliegenden Fassung auf das Französische nicht genau zu; bilde ich etwa französ. z oder v oder $\underset{\sim}{z}$ (j), so erhalte ich weder einen reinen Stimmlaut, noch einen reinen Geräuschlaut, sondern eine Mischung beider. Hiernach hätte man streng genommen eine Dreiteilung:

    a) Reine Stimmtonlaute;
    b) Reine Geräuschlaute;
    c) Eine Mischung von a und b.

Sievers[1]) bemerkt nun hierzu, diese Mischlaute bildeten in akustischer Hinsicht einen Übergang zwischen Sonoren und Geräuschlauten, und man werde sie daher, je nachdem das eine oder das andere Element in ihnen vorwiege und subjektiv als das Wesentlichere empfunden werde, der einen oder der anderen dieser Klassen näher beiordnen können. Dies auf das Französ. angewandt, ist zu bemerken, dass bekanntlich die stimmlosen Spiranten dieser Sprache in der Regel energisch artikuliert, also mit scharfem Reibegeräusch auftreten und dass diese Artikulation auch bei hinzutretender Stimme, also bei stimmhaften Spiranten (*z*, *ż*, *v*) möglichst beibehalten wird, so dass man diese Klasse füglich den Geräuschlauten beizählen kann. Aber auch abgesehen hiervon empfiehlt es sich aus Gründen übersichtlicher Systematisierung, es bei obiger Zweiteilung bewenden zu lassen. Denn nehme ich die Dreiteilung an, so bin ich z. B. genötigt, die stimmlosen Reibelaute von den stimmhaften, also *s* von *z*, *f* von *v*, *š* von *ż* etc. im System zu trennen und an ganz andere Stelle zu setzen. Auch unter gewissen Voraussetzungen als ganz oder teilweise stimmlos (geflüstert?) oder spirantisch erscheinende Liquidae (s. unten bei den *l*- und *r*-Lauten) müssten von ihren entsprechenden Stimmlauten gesondert werden. Diese strenge Scheidung nach der akustischen Beschaffenheit der Laute müsste freilich ein scharf gegliedertes System ergeben, dürfte jedoch der Übersichtlichkeit desselben kaum zu gute kommen.

Die Einteilung der Sprachlaute nach ihrem akustischen Werte oder, wenn man will, ihrem Schallcharakter (Sonore—Geräuschlaute), wird wie in anderen Sprachen so auch im Französ. durchkreuzt von derjenigen nach den Artikulationsstellen. Je nachdem nämlich bei Hervorbringung der Laute die Lippen (Lippen und Zähne) und von den Zähnen bis nach dem Kehlkopf, die übrigen Teile des Ansatzrohrs, zunächst der Mundhöhle, tätig sind, unterscheidet man mit vorläufigem Ausschluss von Zwischenstufen im allgemeinen zwischen labialen, palatalen und gutturalen Lauten.

[1]) Ablehnend zu der obenerwähnten Sievers'schen Klassifikation verhält sich unter den neueren Phonetikern bes. Trautmann, Anglia IV und Sprachlaute (Leipzig 84—86), S. 282.

Erster Abschnitt.

Die Stimmtonlaute.

(Reine Stimmlaute, Sonore.)

Die natürlichen Repräsentanten dieser Gattung sind vor allem die Mundvokale; denn zu ihrer Erzeugung dient lediglich der Stimmton, dessen Schallwellen im ganzen nicht wesentlich modificiert durch das Ansatzrohr hindurchtönen, jedenfalls ohne hörbare Friktion. Danach sind die Vokale nicht nur von den reinen Geräuschlauten wesentlich, sondern auch von den oben erwähnten Mischlauten insofern verschieden, als bei diesen der tönende Expirationsstrom an einer im Lautrohr gebildeten Enge sich reibt, was eben bei den Vokalen nicht der Fall ist. Ferner gehören hierher die (Guttural-) Nasalvokale, weil auch sie Stimmtonlaute sind und sich von den sog. reinen oder Mundvokalen nur dadurch unterscheiden, dass der tönende Luftstrom nicht sowohl durch den Mundkanal, als vielmehr durch die Nase geführt wird und hier die eigentümliche nasale Resonanz erzeugt. Endlich sind in diesem Abschnitt zu behandeln die sog. Nasale und die Liquiden, weil auch sie, wenn normal gebildet, kein oder doch nur ein ganz schwaches, nicht als wesentlich empfundenes Reibegeräusch erkennen lassen. Als Schema der Stimmtonlaute ergibt sich daher im Französ. diese Einteilung:

1. Reine oder Mundvokale.
2. (Guttural-) Nasalvokale.
3. Nasale *(m, n, n̖)*.
4. Liquidae *(l, r)*.

1. Die reinen oder Mundvokale.

Bis vor kaum einem Jahrzehnt pflegten die deutschen Phonetiker ihre Vokalanalysen zu geben und ihre Vokalsysteme aufzubauen auf Grund zweier Theorieen, welche einerseits von instrumenteller Beihilfe abhängig sind, andrerseits dem subjektiven Ermessen ziemlich breiten Spielraum gewähren. Das eine Mal

3*

nämlich suchte man unter Zuhilfenahme der akustischen Wissenschaft den Eigenton zu bestimmen, welchem die einem gewissen Vokale entsprechende Mundhöhlenform zukomme. Auf diese Weise erachtete man einen beliebigen Vokal, wenigstens in den mittleren Stimmlagen, für hinreichend fixiert. Man brauchte alsdann sich nur einer auf jenen Ton abgestimmten Stimmgabel zu bedienen, um der Mundhöhle unter allen Umständen die einem gewissen Vokale zugehörige Gestalt wiederzugeben. Indem man nun die Eigentöne einer Anzahl gebräuchlicher Vokaltypen miteinander verglich, fand man, dass dieselben vom tiefsten (u) zum höchsten (i) aufsteigend eine harmonische Klangreihe ergaben, welche man unter dem musikalischen Bild eines zwei Oktaven umfassenden Accords (so z. B. früher der d-dur-Accord Victor's, Zs. f. neufranzös. Spr. u. Litt. II, 49) darzustellen pflegte. Wie etwa:

u ò ó a è é i

Diese Theorie wird aus der Reihe der Physiologen vertreten durch Männer wie Donders (Utrecht), Helmholtz (Lehre von den Tonempfindungen), Merkel, Grützner u. a., aus der Reihe der Sprachgelehrten (Fachphonetiker) besonders von Moritz Trautmann (Anglia I, III, IV u. ö., und „Sprachlaute", Leipzig 1884—1886). Trautmann nahm früher (Anglia I, 590) für die Resonanzen obiger Vokale zwei Oktaven mit f-dur-Accord an, während genauere Messungen mit besseren Stimmgabeln ihn später belehrten, dass es ein ziemlich hoch gelegener f-dur-Accord (Anglia III, 207; IV, Anz. 60, Anm. 1), oder richtiger (Sprachlaute, § 136) ein g-dur-Accord sei (s. darüber l. c. § 114).

Zu erwähnen ist noch, dass diese Theorie zunächst von den geflüsterten Vokalen ausgeht.

Rücksicht nimmt Trautmann auch auf die Artikulationen der Mundhöhle („Gielstellungen"), welche er für seine 14 Vokale in vier Reihen ebenso „harmonisch" zu ordnen versucht wie seine Klänge. Besondere Beachtung widmet er, abweichend von dem weiter unten zu erwähnenden Bell, der Tätigkeit des Kieferwinkels. Die Artikulationen des Lautrohrs sind ihm indess erst in zweiter Linie von Bedeutung; in erster gelten die Eigentöne oder „Halle", wenn auch beide Faktoren bei der Vokalbestimmung zu beachten sind. „Mundstellung und Hall bestimmen, berichtigen und beglaubigen sich gegenseitig; Vokale, die nach Mundstellung und Hall bestimmt sind, sind mit der denkbar vollkommensten Sicherheit bestimmt. Aber von den beiden Mitteln, die Vokale zu bestimmen, ist die Tonhöhe, da sie sich stets mit untrüglicher Sicherheit (?) feststellen lässt, das wichtigere." (Sprachlaute, p. 72.) Hat man vermittelst Normalstimmgabeln die ganz bestimmten Vokalen entsprechenden Konfigurationen der Mundhöhlung gefunden, so ist damit von selbst auch die Gielstellung (Artikulation) gegeben: zum wenigsten wird die „Mundstellung, soweit ich sie noch nicht getroffen habe, durch den Hall zurechtgerückt, und der richtige Vokal kann nicht verfehlt werden" (l. c. p. 71).

Das andere Mal waren es nicht minutiöse akustische Untersuchungen, welche die Grundlage für den Aufbau eines Vokalsystems bilden sollten, sondern man begnügte sich einfach damit, die Vokale subjektiv nach dem Gehör, d. h. nach ihrer Klangähnlichkeit abzuschätzen. Der älteren Ansicht vom indogerm. Vokalismus entsprechend, nahm man als Hauptrepräsentanten der Vokale an die drei „Grundpfeiler" *a*, *i*, *u*, zwischen welche die übrigen Vokale, die Vermittelung der Zwischenräume bildend, eingeordnet wurden, also *e* zwischen *a* und *i*, *o* zwischen *a* und *u*, und dann weiter die feineren Nüancen.

Der hauptsächlichste Vertreter dieses Systems ist in Deutschland Brücke und seine Schule. Zuletzt wurde dasselbe in verdienstlicher Weise erweitert und vervollkommnet durch J. Winteler („Kerenzer Mundart").

Ob das Material, welches beide Theorieen der Lautforschung liefern, auf die Dauer als zuverlässig sich erweist, bleibt abzuwarten. Allerdings leistet das letztere System (sog. System der deutschen Phonetiker). welches vorzugsweise für deutsche Zwecke berechnet ist, praktische Dienste, wo man sich innerhalb der Grenzen eines Lautsystems (bes. des deutschen) hält oder wo es auf subtile Unterscheidungen zwischen fremden und einheimischen Vokalbestimmungen nicht ankommt. „Es leidet jedoch, wie alle deutschen Vokalsysteme, an dem Fehler, dass es einmal den Klangwert der Laute zu sehr an die Spitze stellt, sodann dass es die von einander völlig unabhängigen Artikulationen der Zunge und der Lippen nicht genügend auseinanderhält, und dass es infolge dessen eine ganze Reihe von Vokalen überhaupt nicht enthält, nämlich diejenigen, welche durch Artikulation des mittleren Zungenrückens gegen den Gaumen gebildet werden." (Siev. [2] p. 72.) Im übrigen sei auf Sievers' Kritik des Systems (l. c.) verwiesen.

Auch die akustische Analyse der Vokale hat unstreitig ihre wissenschaftlichen Verdienste; ob aber ein vorzugsweise auf dieselbe gegründetes Vokalsystem in der phonetischen Praxis unter allen Umständen standhalten, ob es vermöge der eigenen Vortrefflichkeit alle anderen Systeme unbrauchbar machen wird, muss die Zukunft lehren. Meine Stellung zu dem Systeme ist keineswegs eine von vornherein ablehnende, etwa weil ich Anhänger eines andern bin, und ich halte dafür, dass ein Kompromisssystem, welches mit den scharf gegliederten Bell-Sweet'schen Mundstellungen unverrückbar feste akustische Werte verbände, die denkbar sicherste Vokalbestimmung erzielen müsste. Allein diese Wertbestimmungen scheinen eben der wunde Punkt des akustischen Systems zu sein, über den man bei dem ehrlichsten Willen, sich mit demselben zu befreunden, nicht hinwegkommt. Diese festen Werte mögen objektiv da sein; aber wie sie konstatieren, wo solch ein delikates Untersuchungsobjekt wie die akustische Vokalbestimmung so vielen störenden Einwirkungen preisgegeben ist? Von der Bestimmung der Konsonantenhalle soll hier gar nicht einmal gesprochen werden, denn diese liegt noch sehr im argen, wie Tr. selbst zugesteht (Sprachl., § 262 a.). Hier sollen nur die — wohl leichter bestimmbaren — Vokale in Betracht kommen. Sind aber die akustisch so fixierten Vokaltöne (z. B. Trautmann's Vokale) wirklich „feste Werte", die der Wirklichkeit entsprechen, dann muss befremden, dass die Untersuchungen der Vertreter dieser Richtung nicht auf ein Resultat, und nur dies eine, hinauslaufen, vielmehr oft wesentlich von einander abweichen. So findet beispielsweise Hellwag (1780), dass der Eigenton des u (offen oder geschlossen?) c sei; Donders dagegen (1849?) erhält f^1, Merkel (1857) d, Helmholtz (1863) $f(-f^1)$, König (1872) b, Grabow (1875) c^2c^2, Trautmann (1878) f^2 und (1879) g^2. Und in ähnlicher Weise für die übrigen Vokale. Da findet der eine Gelehrte für die Vokalskala einen c-Accord, der andere $f(g)$, der dritte d-dur u. s. w. Ein Blick auf die kleine Tabelle, in welcher Wilhelm Vietor in der Ztschr. f. nfrz. Spr. u. Litt. II, 50 (1880) und jetzt in seiner „Phonetik" § 31, S. 1 die Resultate einiger der wichtigsten akustischen Vokalmessungen vorführt, zeigt ein buntes Gemisch der verschiedensten Angaben. In jenem Artikel bemerkt Vietor, dass „die Gelehrten, welche sich mit der Feststellung der Vokalklänge befasst haben, ihre individuelle Aussprache der einzelnen Vokale zu Grunde legten, woraus sich die Abweichungen in ihren Angaben zum Teil erklären," und in der Phonetik (p. 16): „Die Widersprüche in der Bestimmung erklären sich zum Teil aus dem Umstand, dass den einzelnen Vokalen genau genommen ein System von Eigentönen, nicht ein einzelner Eigenton zukommt." Bleibt noch ein Teil zu erklären übrig, so dürfte es der ausserordentlichen Schwierigkeit, wenn nicht Unmöglichkeit, zu gute gerechnet werden, derartige, so vielen subjektiven Störungen zugängliche Feststellungen zur Allgemeingiltigkeit einer objektiven Norm zu erheben.

Es ist anerkennenswert, dass sich Trautmann, der fähige Hauptvertreter der in Rede stehenden Theorie, jener Tatsache von den einander stark widersprechenden Tonbestimmungen der verschiedenen Forscher nicht verschliesst, sondern der Schwierigkeit auf den Leib zu rücken sucht. Man könne glauben, meint er, die genaue Bestimmung der Tonhöhe der geflüsterten Vokale sei angesichts so verschiedener Resultate überhaupt nicht möglich. Und doch müsse sie möglich sein. Die Tonhöhen der verschiedenen Gestalten der Mundhöhle müssten sich ebenso leicht und sicher feststellen lassen wie die Tonhöhen beliebiger anderer Hohlräume, und wir müssten uns daher den Mangel an Uebereinstimmung zu erklären suchen. Bei genauerem Zusehen hätte denn auch dieser nicht nur nichts Befremdliches, sondern etwas Anderes als abweichende Angaben wäre von Forschern verschiedener Zeiten und Orte gar nicht zu erwarten gewesen. Die Verschiedenheit der Ansätze erkläre sich nämlich folgendermassen: 1) Jeder untersuchte die ihm geläufigen Vokale, d. h. so ziemlich jeder untersuchte andere. 2) Der eine mass nach einem tiefern, der andere nach einem höhern Normaltone. Dies müsse wenigstens von den ältern Forschern angenommen werden, da der deutsche Kammerton (a_1), ehe er von Schaibler auf 440 Schwingungen in der Sekunde festgesetzt ward, nachweislich sehr bedeutend schwankte. 3) Wir dürfen annehmen, dass der eine oder andere sich einfach irrte, wie sich tatsächlich alle, mit Ausnahme von Helmholtz, der darin bloss teilweise fehlgriff, vollständig in der Bestimmung der Oktavenhöhe geirrt haben. (S. Trautm., Sprachl.. § 127 u. ff.)

Es dürfte nun im Interesse der akustischen Vokaltheorie zu wünschen sein, dass die weiteren Forschungen zu streng einheitlichen Resultaten gelangten und dass man in Zukunft nur noch den einen „richtigen“ Eigenton des entsprechenden Vokals erhielte, nicht mehr den Pseudo-. Hierzu scheint aber mancherlei erforderlich: Richtige Bestimmung der Oktavenhöhe auf Grund von Normalgabeln, die einem Normal-(Kammer)tone entsprechen; Berücksichtigung der Grund- und Obergeräusche seitens der Forscher nach einem Princip: gleichzeitige Beobachtung eines ganz bestimmten, örtlich begrenzten Vokals (z. B. des engl. in *fall*, wie er in der Londoner gebildeten Gesellschaft oder auf der Bühne gesprochen wird) seitens Angehöriger derselben und anderer Sprachgenossenschaften; normale Bildung des Lautrohrs des betr. Beobachters u. s. w. Sind aber alle Vorbedingungen in bester Form gegeben, dann ist nur zu wünschen, dass nicht einer komme und Trautmann's fleissige Untersuchungen, die bereits mit Normalinstrumenten geführt wurden, seinerseits als irrig bezeichne und die seinigen an deren Stelle setze.

Die weitere Ausbildung jener Theorie beansprucht auch das Interesse des auf einem andern Standpunkt Stehenden, und für die Entwickelung der Lautwissenschaft kann es, unseres Erachtens, nicht gleichgiltig sein, wenn jene Untersuchungen einmal zu einheitlichen, unanfechtbaren Ergebnissen führen sollten. —

Wir gehen endlich zu einem System über, welches die Vokalfrage an anderer Stelle anfasste als die vorhergehenden und welches zu seinem Teile viel beigetragen hat. die Diskussion über jene Frage in lebhaften Fluss zu bringen. Wir meinen das System des Engländers Alex. Melville Bell. Bell ging von dem Princip aus, die Vokale physiologisch in ganz ähnlicher Weise zu analysieren wie die Konsonanten. Er schloss deshalb bei seiner Darstellung das subjektive Moment der Klangähnlichkeit der Vokale oder die Annahme eines Eigentons derselben von vornherein möglichst aus und beobachtete ganz vorzugsweise den Mechanismus ihrer Bildung: mit andern Worten: sein Vokalsystem basiert wie

das der Konsonanten auf einer Analyse der Artikulationsstellen. Vokal nennen wir, bei normaler Sprechweise, den vermittelst einer gewissen Konfiguration des Lautrohrs resonatorisch
veränderten Stimmton. Eine Modifikation des Stimmtons also
tritt notwendig ein. d. h. die artikulierenden Faktoren treten
aus ihrer Ruhe-(Indifferenz-)Lage heraus und werden irgendwie
tätig; denn lasse ich die Sprechwerkzeuge in dieser Lage, öffne
den Mund und lasse die Stimme ertönen, so erhalte ich keinen
bestimmt ausgeprägten Vokal, sondern nur einen unartikulierten,
mehr oder weniger nasalierten Laut.[1] Jeder Vokal hat demnach
eine Artikulation und jeder seine eigene, nur ihm allein zu-
kommende, nach dem Satze, dass „jeder Artikulationsform
des Ansatzrohrs stets nur ein einziger resultierender
Sprachlaut entspricht". Nehmen wir z. B. eine prägnant-
vokalische Artikulation, die nämlich, bei welcher der mittlere
Zungenkörper breit und kräftig nach dem harten Gaumen emporgehoben und angespannt wird, während die Zungenspitze noch
an den untern Zähnen liegt und die Mundöffnung bei kleinstem
Kieferwinkel spaltförmig verbreitert wird. Wölbe ich unter diesen
Voraussetzungen den Zungenrücken bis zur Grenze der Reibungsenge und füge die Stimme hinzu, so erhalte ich aus dieser
Lage der Artikulationsorgane heraus jedesmal ein *i* und zwar
das hohe, geschlossene („enge", s. nachher), ungerundete *i* des
Bühnendeutschen *sie, Ziel*, oder noch ausgeprägter im Französ.
fini, île, canif. Behalte ich diese Zungenstellung bei, schiebe
aber die Lippen kräftig nach vorn und bilde mit denselben eine
mässig grosse, runde Ausflussöffnung, so ergibt sich das hohe,
geschlossene („enge") und gerundete *ü* im Bühnendeutschen
müde, behüten, oder ausgeprägter im Französ. *due, fallu, flûte*.
Und so bei den andern Vokalen. Hier hat man, ganz wie bei
den Konsonanten, etwas Greifbares, Positives, die Artikulationen,
die einen sichern Anhalt gewähren. Die Laute, auch die
Vokale, werden hier innerhalb der möglichen Grenzen physiologisch wirklich fixirt.

Bell's System findet sich niedergelegt in seinem durchaus
eigenartigen Werke *Visible Speech* (the Science of Universal

---

[1] If we vocalise the breath as emitted in ordinary quiet breathing,
without shofting the tongue in any way (Indifferenzlage), we obtain an
indistinct nasal murmur. Sweet. Hdb. p. 13.

Alphabetics, or self-interpreting Physiological Letters, for the Writing of All Languages in One Alphabet), London 1867 [1]). Leider ist bei aller Originalität und Bedeutung seiner Ideen Bell's Darstellung „allzu trocken und schematisch". Dazu lässt er den Leser oft im Stich, wo er dem Verständnis mit einer wohlangebrachten Erklärung zu Hilfe kommen sollte, und so ist es kein Wunder, wenn die vielen neuen und fruchtbaren Gedanken, welche sich in dem Werke finden, geraume Zeit unpopulär und ohne die rechte Würdigung blieben. Da es nun überhaupt noch an einer knappen, klaren Darstellung der bedeutsamen Ergebnisse der neueren englischen Forschungen auf dem Gebiete der Phonetik fehlte, so machte sich auf Storm's dankenswerte Anregung ein Schüler Bell's, Henry Sweet, ans Werk, indem er in einem bereits seit 1877 vorliegenden *Handbook of Phonetics* seine Aufgabe meisterlich löste. Sweet hat die Gedanken seines Lehrers, verbunden mit seinen eigenen bedeutsamen Erfahrungen, in einer schlichten, überaus verständlichen und eminent sachkundigen Sprache breiten Interessenkreisen zugänglich gemacht. Auf seine Darstellung ist der Wechselverkehr mit andern Autoritäten, wie Ellis, Sievers, Storm, sichtlich nicht ohne fördernden Einfluss geblieben. Das Werk ist für jeden unentbehrlich, der sich ernstlich mit phonetischen Fragen beschäftigt. In möglichst getreuem Anschluss an dasselbe, sowie unter gelegentlicher Benutzung von Sievers und Storm, gebe ich die nachstehende Darstellung des Vokalsystems im allgemeinen und des französischen im besondern.

"As each new position of the tongue produces a new vowel and as the positions are infinite, it follows that the number of possible vowels is infinite" (Sweet, l. c. p. 11). Gleichwohl lassen sich aus dieser unendlichen Zahl möglicher Vokalstellungen gewisse Grundstellungen herausgreifen, von denen aus man dann zu den weniger leicht bestimmbaren intermediären gelangt. Vor allem sind streng auseinander zu halten die Artikulationen der Zunge und der Lippen. Die Bewegungen der ersteren sind entweder horizontal oder vertikal (genauer: nach vorn

---

[1]) Neuerdings (London, 1882) hat Bell unter dem Titel „Sounds and their Relations" ein Werk herausgegeben, in welchem er seine früheren Ansichten teilweise berichtigt und ergänzt.

schräg aufwärts steigend), also rück- und vorwärts, auf- und abwärts (backwards and forwards; upwards and downwards). Die Rück- und Vorwärtsbewegung erzeugt drei von einander wohl unterschiedene Vokalklassen:

1) Die hinteren oder Guttural-Vokale (back [guttural] vowels), bei welchen die Zunge aus der Ruhelage zurückgezogen und der hintere Teil derselben gegen den weichen Gaumen gehoben ist, wie im engl. *no, fool.* franzÖs. *seau, croûte,* deutsch *Sohn, Volk, Rute.*

2) Die vorderen oder palatalen (front [palatal] vowels), bei welchen die Zunge eine Vorwärtsbewegung macht, sich mit der Spitze gegen die Unterzähne stützt und mit ihrem vorderen Rückenteil (front) zum harten Gaumen emporwölbt, wie *i ü e* in *fini, lune, über, Schnee.*

3) Die gemischten oder guttural-palatalen (mixed [gutturo-palatal] vowels), bei welchen die Zunge eine mittlere Stellung einnimmt, indem sich sowohl die Hinterzunge wie die Vorderzunge mit der Zungenspitze hebt, wie der Vokal in franzÖs. *me, te, se, que;* engl. *err, cur,* bühnen-, nord- und mitteld. *Glaube.* Bei letzterem Beispiele ist gemeint der flüchtige unbetonte *ö*-haltige Laut, nicht der stark an *é (été)* erinnernde mancher südd. Mundarten.

Die (diagonale) Auf- und Abwärtsbewegung der Zunge erzeugt wiederum drei Hauptstellungen oder Höhegrade, denen entsprechend die Vokale eingeteilt werden in

a) hohe (high),
b) niedrige (low) und
c) mittlere (mid).

Spreche ich z. B. das Wort *ile,* so ist beim *i* die Zunge zum Gaumendach emporgehoben, und zwar bis zur äussersten Grenze der Reibungsenge, d. h. würde sie noch stärker gewölbt, so müsste an den Wänden der zwischen Zunge und Gaumen gebildeten Enge ein Reibungsgeräusch [1]), also ein konsonantischer Laut entstehen. Danach ist *i* unzweifelhaft ein hoher Vokal. Beim *a* des südd. *Vater* oder gar schottischen *father* dagegen ist die Zunge so viel als möglich gesenkt; dieses *a* ist ein niedriger Vokal: endlich

---

[1]) Dieses Geräusch könnte freilich auch eigens erzeugt werden bei gleicher Reibungsenge durch besondere Verstärkung des Expirationsdrucks. Es ist jedoch hier nur von normaler Sprechweise die Rede.

ist in *dé*, *Schnee* das *e* wegen der Mittelstellung, welche die Zunge zwischen beiden Extremen einnimmt, ein mittler Vokal.

Diese Auf- und Abwärtsbewegungen der Zunge sind in der Regel begleitet. wenn nicht meist bedingt, von einer entsprechenden Verengerung oder Erweiterung des Kieferwinkels. "The height of the tongue is partly due to the action of the muscles of the tongue itself, but also in *a great degree* to the movements of the jaw. Thus if we start from the high *(i)* position and lower the jaw, allowing the tongue to sink with it, we obtain first the mid *(e)* position and then the low *(æ)* one. *Hence the partial closure of the mouth in forming high vowels.*" (Sweet. Hdb. § 34.) Die Bedeutung desselben ist also nicht zu unterschätzen, was von Anhängern des Bell-Sweet'schen Systems zuweilen geschehen ist.

Durch Kombination obiger Vertikal- und Horizontalbewegungen der Zunge erhält man zunächst folgende neun Grundvokale:

	Hintere	Gemischte	Vordere
Hoch	high-back	high-mixed	high-front
Mittel	mid-back	mid-mixed	mid-front
Niedrig	low-back	low-mixed	low-front

Es ist überaus nützlich und für die Erfassung des Systems unumgänglich nötig, vor allem diese Hauptbewegungen der Zunge gründlich zu studieren. Ein guter Spiegel und genügendes Licht sind dabei die wesentlichsten Hilfen, obwohl nicht verkannt werden darf. dass die Autopsie bei Vokalen mit kleinstem Kieferwinkel, also geringer Mundöffnung namhafte Schwierigkeiten bietet. Hier muss natürlich vorzugsweise das Artikulationsgefühl helfen, das fleissig zu üben ist. Das Sicherste bleibt immer die direkte Beobachtung, die noch erleichtert wird durch Verwendung möglichst intensiven Lichts und durch Entfernung der Lippen von den Zähnen. um eine genaue Kontrolle der Zungenevolutionen zu ermöglichen. Auf diese Weise übe man die verschiedenen Vokale paarweise durch und beginne mit den beiden zur Veranschaulichung sehr geeigneten Gegensätzen: *u — i*.

Zwischenstufen zwischen den Grundstellungen der Zunge
werden bezeichnet bei den horizontalen als innere und äussere
(inner—outer), bei den vertikalen als gesenkte und gehobene
(lowered—raised). Für den Anfänger dürfte es sich empfehlen,
dass er von diesen subtileren Unterscheidungen zunächst absieht,
um sich Verwirrungen zu ersparen. Sweet selbst rät, the student
should at first neglect these minutiae, and concentrate his
attention on the *elementary positions*.

Jede dieser obengenannten Vokaltypen kann nun wiederum
sein eng, geschlossen (Ellis, Bell: "primary": Sweet: "narrow")
oder weit, offen (wide). Sweet spricht sich darüber so aus
(Handb. p. 9; Sievers[2], p. 74): „Der Unterschied dieser Gruppen
beruht auf der Gestalt der Zunge. Bei der Bildung „geschlossener"
Vokale hat man ein Gefühl der Spannung in dem artikulierenden
Teile der Zunge; die Oberfläche derselben ist stärker konvex
gemacht als bei ihrer natürlichen Stellung für „offene" Vokale,
in welcher sie schlaffer ist und mehr abgeflachte Gestalt hat.
Die stärkere Wölbung verengert natürlich den Mundkanal; daher
der Name. Die Verengerung wird nicht durch Hebung des ganzen
Zungenkörpers hervorgebracht, sondern durch Hebung bloss des
gerade artikulierenden Teiles derselben." Nach Bell's neuester
Ansicht (in "Sounds and their Relations") wird die weite (wide)
Form jener ursprünglichen (engen, primary, narrow) oder Grundvokale dadurch gebildet, dass bei ihrer Erzeugung eine Expansion
des weichen Gaumens und damit eine Erweiterung der hinteren
Mundhöhle stattfindet. Früher nahm er auch eine "relaxation of
the pharynx" an. (Vergl. Vietor, Ph. p. 22; Sweet, p. 9, Anm.;
Storm, p. 57; Sievers[2], p. 79.)

Auch hier empfiehlt sich, in der Bildung der engen (ge-
schlossenen) und weiten (offenen) Formen sogleich praktische
Übungen an sich selbst anzustellen, indem man gewisse Vokale
oder Vokalreihen, z. B. die Palatalreihe, geschlossen, dann offen
nach einander spricht und dabei die artikulierenden Teile, in erster
Linie die Zungentätigkeit auf das genaueste beobachtet. Besonders
hier ist neben der Autopsie sorgfältige Lokalisierung des
Artikulationsgefühls am Platze.

Endlich kann noch jeder dieser Vokale, ob eng oder weit,
gerundet (rounded) werden. Diese Rundung wird erzeugt ent-

weder durch eine Kontraktion der Mundhöhle infolge seitlicher Einziehung (compression) der Wangenpassage und Verengerung der Lippenöffnung („Labialisierung"), wobei hohe Vokale, der Zungenposition und dem Kieferwinkel entsprechend, die kleinste, tiefe die grösste Lippenöffnung haben; oder durch Vorschiebung (engl. "pouting") der Lippen, wodurch das Lautrohr sich verlängert, indem der innerhalb der Zähne liegenden Höhlung noch ein ausserhalb derselben liegender Resonanzraum angefügt wird. Welche Art der Rundung einer Sprache eigen ist, bestimmt sich gewöhnlich nach der speciellen Neigung derselben zu passiver oder aktiver Lippenbeteiligung, also teilweise nach der Artikulationsbasis. Die erstere Art (sog. cheek- oder inner rounding) ist dem Englischen eigen, die letztere den kontinentalen Sprachen und unter diesen besonders dem Französischen.

Kombiniert man die obengenannten Haupt- oder Grundstellungen der Zunge bezw. mit den Artikulationen der Enge, Weite und Rundung, so erhält man als resultierende Sprachlaute 36 Vokale, welche nebenstehende Tabelle ergeben.

Zur Orientierung. Die Einrichtung dieser Tabelle ist die ursprünglich Bell'sche, mit der Ausnahme, dass für Bell's "primary" (vowels) „der im Gegensatz zu "wide" mehr bezeichnende" Ausdruck Sweet's "narrow" gesetzt worden ist. Die gemischten Vokale sind, anstatt mit nachgesetztem h (z. B. ɔh, low-mixed), nach Sievers mit einem übergesetzten Punkte bezeichnet. Die Beispiele sind von Bell (B.), Sweet (Sw.) und Storm (St.), wie sie Vietor in seiner Phonetik (pp. 20—21) zusammengestellt hat. Es sind Bell's neueste Notationen · aus seinem Buch "Sounds and their Relations", sowie Sweet's Beispiele aus seinem Handbook gegeben, während deren ältere Angaben in bezw. "Visible Speech" (1867) und „History of Engl. Sounds" (1874) fortgelassen sind. Wer die Tabelle aufmerksam studiert, wird die einander etwa widersprechenden oder zu Ausstellungen Anlass gebenden Vokalbestimmungen selbst finden. Die Fragezeichen habe ich beigefügt.

Die praktische Einübung des Systems beginnt man am besten mit demjenigen Vokal, dessen Zungenartikulation am meisten entwickelt ist: mit dem hohen, engen, ungerundeten *i* (high-front-narrow) in französ. *ile, fini,* bühnendeutsch *lieb, Biene*[1]). Artikulation: Mittelzunge entschieden gegen den harten Gaumen emporgewölbt, Spitze an den unteren Schneidezähnen, seitliche Ränder fest an

---

[1]) Der französische Laut jedoch ist gewöhnlich noch etwas enger als der deutsche.

Narrow (Geschlossen).

A high-back
tülisch *laogh*, B.

u high-back
Engl. *ooze, pool,* d. *Buch,* frz. *toujours,* B.; frz. *sou,* Sw.; d. *du,* it. span. *tu,* St.

o mid-back
Schott. *go,* am. *ore,* engl. 1.Elem. in *go* B.; d. *so,* Sw.; frz. *seau,* ital. *dolce,* St.

ɔ low-back
Engl. *all, law,* geleg. *wash,* B.; engl. *saw,* Sw.

ə mid-back
Engl. *up, turn,* B.; engl. *but,* Sw.

ɐ low-back
Schott. *up,* B.; geleg. schott. *but,* Sw.

ɨ high-front
Amer. *her, sir,* B.; nordwelsch *tagu,* Sw.; russ. *syn,* St.

ė mid-mixed
Irisch *genuine, reply* etc. frz. *de, le,* frz. *un,* B.; d. *Gabe,* Sw.; däu.-norw. *Gave,* schwed. *gosse,* St.

ɜ low-mixed
Somersetsh. *sir,* Cockney *penny,* B.; engl. *bird,* Sw.

i high-front
Engl. *feel,* frz. *fille,* B.; frz. *fini,* Sw.; d. *ihm, sée,* St.

e mid-front
Engl. 1. Elem. in *name, day;* schott. *day,* frz. *est* (?), B.; frz. *été,* Sw.; d. *See,* St.

æ low-front
Engl. *let,* frz. *bête,* frz. *vin,* B.; engl. *air,* Sw.; schw. *lära,* St.

Wide (Offen).

A high-back
Cockney *up, turn,* engl. *-tion, -tions, -geons, -our, -er* u. s. w., B.

a mid-back
Engl. *pass, task, path, pathetic,* [*eye, now*], B.; *father,* Sw.; it. *padre,* nordd. *Vater,* St.

u low-back
Engl. *arm, alms, father,* sch. *man,* B.; schott. *father,* Sw.; südd. *Vater,* St.

ï high-mixed
Engl. *return, limit, captain, there is, the man, places* (Plur.), *pretty,* B.; geleg. engl. *pretty,* Sw.

ï mid-mixed
Engl. *alderman, Greenland, -ance, -al, -ant, -able, a* (Art.), oft auch *-er, -yr,* B.; engl. *eye,* Sw.

ɐ low-mixed
Engl. *-er, -ir, -yr, err, perform,* B.; *how,* Sw.

i high-front
Engl. amer. *ill,* B.; engl. *bit,* Sw.; engl. *pity,* nordd. *Fisch,* St.

ɛ mid-front
Engl *care, -ment, -ness,* schott. *ill,* B.; d. *Männer, Ähre,* Sw.; d. *Männer, Ahre,* engl. *men,* St.

æ low-front
Engl. *hat,* ir. *half,* frz. *vin,* B.; engl. *man,* Sw.

Narrow-Round (Geschlossen und gerundet).

ü high-mixed
Nordir. *too, look,* B.; schwed. *hus,* Sw.; norw. (nicht schwed.) *hus,* St.

ȯ mid-mixed
Yorksh. *come,* ir. *Dublin,* frz. *homme, ou,* B.

ɔ̇ low-mixed
Irisch *her, sir,* 1.Elem. in ir. *I, uŋ,* frz. *on, en,* B.

y high-front
D. *über,* (*ilück,* B.; frz. *lune,* Sw.; d. *über,* dün. *Lys,* St.

ə mid-front
Frz. *dü* (?), *büt* (?), schott. *gude,* B.; frz. *peu,* Sw.; deutsch *schön, Töne,* St.

œ low-front
Fr. *peur, jeune,* d. *schöne* (?), *Stöcke,* B.; frz. *peur,* Sw.; v.St.nur angesetzt: schw. *för.*

Wide-Round (Offen und gerundet).

u high-back
Engl. *foot, put, poor,* B.; engl. *full,* Sw.

o mid-back
Engl. *our, pour, door, sore,* B.; nordd. *Stock,* Sw.

ɔ low-back
Engl. *on, off, or, boy,* gewöhnl. *wash,* B.; engl. *not,* Sw.

ɵ high-mixed
Engl. (kolloqu.) *awful, nature, fortune,* B.; schwed. *app,* Sw.; nur: norw. *huska,* St.

ö mid-mixed
Geleg.engl.*eloquence,* amer. *whole,* B.; frz. *bomme,* Sw.; norw. schwed. dial. *godt,* St.

ɔ low-mixed
Engl. (koll.) *occasion, conist,* ir. *not,* Cockney *ask,* am. *Chicago,* B.

y high-front
Frz. *une* (?), *du* (?), B.; deutsch *schätzen,* Sw.; dän. *Lyst,* St.

ɔ mid-front
Indiv. frz. d. L. B.; früher gub B. frz. *jeu* (?), sch. *boot* an; nordd. *schön* (?), Sw.; d. *Völker,* frz. *peuple,* St.

œ low-front
Cockney *out, now,* B.

den oberen Backenzähnen und deren Alveolarfortsatz anliegend.
Kieferwinkel klein, der kleinste, der beim Sprechen vorkommt.
Lippen wenig von einander entfernt, Mundöffnung schmalspaltig,
Mundwinkel auseinandergezogen. Um von dieser Stellung zum
engen *e* (mid-front-narrow) in *Thee*, *bébé* zu gelangen, erweitert
man etwas den Kieferwinkel, senkt mässig die Mittelzunge, ver-
mindert den Abstand der Mundwinkel, welches eine leichte Erweiterung der Lippendistanz zur Folge hat, und behält im übrigen
„dieselbe Spannung und Form der Zunge" (Storm) wie
oben bei; denn dies ist ja ein Haupterfordernis zur Bildung
enger Vokale. Erweitert man wiederum den Kieferwinkel und
senkt die Zunge noch mehr, wobei die Mundöffnung, dem grösseren
Kieferwinkel entsprechend, sich vergrössert, so entsteht der breite
ä-Laut (low-front-narrow) im schwed. *lära*, französ. *fête* (?), engl.
hair, schott. *head*, *tell*.

Es sei hier noch darauf hingewiesen, dass bei der Abwärtsbewegung der Zunge von engem *i* durch *e* zu *ä* der Ort grösster
Enge zugleich rückwärts verschoben wird, demnach der Resonanzraum nach beiden Richtungen hin an Grösse zunimmt. Sweet,
p. 211. So jetzt auch Bell in "Sounds and their Relations".

In ähnlicher Weise wie oben die engen palatalen, wären nun
die weiten und alle übrigen der sechsunddreissig Vokale zu entwickeln; allein dies gehört in das Gebiet der allgemeinen Phonetik.
Es wurde hier nur beabsichtigt, eine notwendige Skizze des
Bell-Sweet'schen Systems zu geben und kurz zu zeigen, wie
an dasselbe praktisch heranzutreten sei. Für uns genügt es, das
allgemeine Vokalschema auf den konkreten Fall anzuwenden,
also zu untersuchen, welche Vokale das Französ. darbietet.

Aus der Reihe der front-narrow, d. h. der engen Palatalvokale, und zwar der ungerundeten, haben wir bereits oben
die drei Normaltypen hoch, mittel, niedrig (*i, e, ä*) kennen gelernt.
Die entsprechenden gerundeten Formen (gleiche Zungenartikulation, gleicher Kieferwinkel wie bei *i, e, ä*, mit Lippen-
vorschiebung) sind die engen *ü, ö, œ*; *ü* (high-front-narrow-round)
(Sweet's *y*) in *lacune*, *une*, *sûr*, bühnendeutsch *Sühne*, *Übel* (nicht
etwa unser mundartl., namentl. mitteld. *ü*, das oft gleich *i*; vgl.
auch Sweet, p. 30): dän. *lys*, kurz in *skyld*, *at fylde*; *ö* (mid-front-
narrow-round) in *peu*, *cœu*, *heureux*, bühnendeutsch *König*. *Löwe*,
dän. norw. *sø See*, *søl süss*, schwed. *sjö*, *söt*; *œ* (low-front-narrow-

round) in schwed. und ostnorw. *för (früher, für)* — ein Laut, der im Französ. als selbständiger. reiner (Mund-)Vokal nicht existiert, aber vielleicht die Oralbasis für den Nasalvokal *œ̃* bildet.

Dies sind die **engen** (gerundeten wie ungerundeten) Palatalvokale des Französischen. Die **weiten** sind spärlich und zwar nur durch **einen** vertreten. Geht man nämlich aus der weiten *ü*-Stellung des gemeindeutschen kurzen hohen *ü̯* (high-front-wide-round) in *schützen* eine Stufe tiefer, so erhält man das weite gerundete *ö̯* (mid-front-wide-round) in *beurre, veuve, seul,* hannov. *Götter, Völker,* dän. *en dör,* isländ. *föt.* Doch scheint der zur Vergleichung mit angezogene deutsche Laut eine Mittelstellung zwischen eng und weit einzunehmen.

Von den französ. **Gutturalvokalen** ist der ausgeprägteste, weil wie enges *i* an der Grenze konsonantischer Artikulation liegend, das enge gerundete *u* (high-back-narrow-round) in *genou, hibou, croûte,* deutsch dän. *du* etc. Artikulation: Die Zunge zieht sich massig zurück, doch so, dass sie an keiner Stelle mit den Zähnen in Berührung kommt: die hintere Partie derselben hebt sich nach dem weichen Gaumen empor; Kieferwinkel klein, ungefähr wie beim engen *i*; Lippen vorgeschoben (gerundet); Mundöffnung klein und ellipsenförmig. Alle artikulierenden Teile sind angespannt: enger Vokal! Senkt man die hintere Zungenpartie um eine Stufe unter mässiger Erweiterung des Kieferwinkels und ganz leichtem Zurückziehen der Lippen, wobei die Oeffnung der Mundspalte sich entsprechend vergrössert, so ergibt sich das enge *o* (mid-back-narrow-round) in *chose, seau, prône,* it. *dottore,* deutsch *Loos, Trost.* Die dritte Stufe (*ɔ,* low-back-narrow-round, wie im Engl. *saw*) existiert im Französ. nicht.

Ein **weiter** Gutturalvokal der Unterstufe ist das lange *á* (low-back-wide) in *pâte, lâche, crâne.* Die Nüancierung des Lautes ist schwierig zu fixieren: er hält etwa die Mitte zwischen dem tiefen schottischen *a* in *father* und dem ital. *a* in *padre;* wahrscheinlich südengl. *father* sehr nahe stehend. Storm bemerkt (p. 69): „Französische Sprachforscher identificieren das ital. *a* mit ihrem *a* in *madame,* welches ähnlich. aber nicht gleich ist (ital. *madama* klingt vom französ. *madame* bemerkbar verschieden); dagegen finden sie es von *a* in *pâte, lâche* bestimmt geschieden. Die Engländer fassen gewöhnlich französ. *pas* als ihr "*paw*", *patte* als ihr "*pat*", dagegen ital. *a* in *padre* nur als ihr *a* in *father.*"

Dies zeigt einerseits. dass das ital. (florent. röm.) *a* in *padre. pane* zwischen französ. *a* in *âme* und *a* in *madame*, mehr aber nach dem letzteren hin liegt, und dass röm. *a* in *padre* wesentlich süd-ostengl. *a* in *father* ist; andererseits, dass *father* hinsichtlich des *a* nicht *pâte* ist. Dieses liegt in der Tat etwas tiefer, d. h. es wird mit mehr gesenkter Zungenwurzel gesprochen. Wenn ich eins das „neutrale" *a* nennen möchte, so ist es das röm. südengl. *a*, da m. E. bei diesem die Artikulationsorgane, namentlich Zunge und Lippen, aus ihrer Ruhelage am wenigsten herauskommen. Was ich als französ. *a (pâte)* spreche, ist allerdings auch ein relativ neutraler Vokal: von Labialisierung ist er jedenfalls frei; die Zunge aber bleibt nicht in der Ruhelage, sondern macht bei jeder neuen *a*-Artikulation mit dem Mittelrücken nach der Wurzel hin eine, wenn auch ganz leichte, Abwärtsbewegung. Die Vorderzunge bleibt ruhig an den Unterzähnen liegen. Der Kieferwinkel hat weite Öffnung. (Die notwendige Gaumensegelbewegung wird als selbstverständlich betrachtet; natürlich findet sie ebenso bei engl. ital. *a* statt.)

Dass manche—offenbar phonetisch nicht gebildete—Engländer französ. *a* als ihr *aw (pas=paw)* hören, liegt an mangelhafter Auffassung. Die beiden Vokale sind deutlich verschieden. Allerdings existiert im Französ. ein ganz tiefes, *o*-haltiges *a* (*a*), das an engl. *aw* (*ɔ*=low-back-narrow-round; dritte [niedrige] Stufe der engen Gutturalvokale: *u o ɔ*) erinnern könnte. Dieses *a* wird jedoch nur in einigen Provinzen und nur vom niedern Volke gesprochen,[1]) kommt also hier nicht in Betracht.

Ein zweites französ. *a* ist das bereits oben in *madame, patte* erwähnte. Es macht den Eindruck schwacher Palatalisierung, klingt heller als *a*, liegt also mehr nach *ä* hin, weshalb es von Storm passend mit *ä* bezeichnet wird. Die Zunge hebt sich aus der tieferen *a*-Lage in die Mittellage der Gutturalvokale; doch wird der Mittelrücken leicht nach dem Gaumendach hin gewölbt, woher der hellere Klang. Der Mundwinkelabstand erweitert sich etwas (was an die *i*-, also an palatale Artikulation erinnert). Mundspalte mässig weit geöffnet. Kieferwinkel wohl derselbe, wenn nicht um ein Geringes kleiner als beim *a*. Die

---

[1]) Ich hörte es im Marnedepartement (Reims u. Umgegend, Chalons s. M., Epernay) und im Loiret auf dem flachen Lande.

Lippen sind leicht gespannt. Ein Gefühl leichter Spannung habe
ich auch in gewissen seitlich vom Gaumendach und nach dem
weichen Gaumen zu gelegenen Teilen.

Die beiden *a*-Laute (*a* *ā*: die französischen wenigstens)
lassen sich nicht ohne Schwierigkeit und nur als Modifikationen
der Normalhöhestellungen der Zunge in das allgemeine Vokalschema einfügen, der eine (*a*) als low-back-wide. der andere als
mid-back-(wide?), beide mit dem Zusatz "raised", d. h. beide
sind gehobene Formen der (Normal-) Vokale in bezw. schott.
father und engl. *father* (ital. *padre*).[1]

[1]) Aber selbst unter dieser Modifikation scheinen mir, strenggenommen,
die franz. *a*-Laute ins Bell'sche dreistufige Vokalschema nicht wohl eingeteilt
werden zu können. Bei den Guttural- oder hinteren Vokalen, wozu ja die
a gehören sollen. wird die Zunge von den unteren Zähnen ab- und zurückgezogen, die hintere Partie derselben gegen den weichen Gaumen gehoben
und die Spitze gesenkt. Dies aber geschieht bei den französ. *a*-Lauten nicht;
denn bei *a* hebt sich die Zunge nicht wesentlich aus der Indifferenzlage,
bei *ā* nur leicht der Mittelrücken, wobei ein Abziehen von den Zähnen oder
Zurückziehen des ganzen Zungenkörpers nicht stattfindet. Man wird also
wohl für diese *a*-Laute eine besondere Artikulationsform ansetzen müssen,
welche im Bell'schen System nicht vorgesehen ist und welche der Ruhelage sehr nahe kommt. Dieser Vorschlag ist bereits von Aug. Western
(Engl. Lautlehre, p. 4; vergl. jedoch Nachtrag zu §§ 7 u. 8, p. 83) gemacht
worden. Wenn derselbe praktisch hier noch nicht zur Ausführung gelangt,
so geschieht dies einesteils, um das traditionelle Schema des Vokalsystems.
das mich sonst so wohl befriedigt (s. jedoch unten über ə die Anm.), ohne
zwingenden Grund nicht zu stören, anderuteils, weil die Setzung dieser
vierten (*a*-) Reihe noch auf Schwierigkeiten stösst, da all die verschiedenen
a-Artikulationen in derselben ihre Stelle finden müssten.
     In das System lässt sich am wenigsten passend der *ā*-Laut einfügen.
Zu den *back* vowels gehört er wegen der Hebung der mittleren Zungenpartie und weil die Zunge nicht zurückgezogen wird, nicht: aber auch
nicht zu den Palatalvokalen, weil diese Hebung nur gering ist. Weiter
kann er wegen der straffen Anspannung der artikulierenden Teile kaum
"wide" genannt werden. Und doch findet er unter den entsprechenden
narrow vowels vollends keinen Platz! Was tun? Man muss sich mit dem sonst
trefflichen System abfinden und den Laut einordnen, so gut es eben geht.
Aber das muss zugestanden werden im Interesse der Unparteilichkeit wissenschaftlicher Forschung: wenn irgendwo in Bell's System, so ist hier eine
schwache Stelle. Die Theorie der *a*-Artikulationen bedarf einer Revision.
     Vergl. zu dieser Anmerkung Vietor, Ph. § 44. Anm., und August
Lange, Der vokalische Lautstand in der französ. Sprache des 16. Jahr-
hunderts etc., Elbing 1883, p. 14.

Von den guttural-palatalen oder gemischten Vokalen
(mixed vowels) endlich besitzt das Französ. zwei, nämlich einen
mittleren und weiten, mit Lippenbeteiligung gebildeten (mid-
mixed-wide-round): das ganz schwach ö-haltige *o* (Storm's Bezeichnung, die hier beibehalten wird: *ŏ*) in *homme, dot, voler*; und
das enge mittlere (mid-mixed-narrow) gewöhnlich kurz erscheinende
e (Bezeichnung: *ə*) in *que, me, lever, retard*. Artikulation des
ŏ: Kieferwinkel und Mundspalte etwas weiter, Lippenrundung
dementsprechend geringer als beim *o*. Die Hebung der Zunge
ist mehr vorgeschoben als beim *o* und die Vorderzunge leicht
gehoben, wodurch der Laut etwas vom Charakter der gemischten Vokale annimmt. Freilich ist die Nüance leicht. Es
scheint, dass bezüglich dieses *ŏ* eine Standard-Aussprache nicht
besteht, dasselbe vielmehr provinziell zwischen mehr *o*- und mehr *ö*-
haltiger Grenze hin und her fluktuiert. Gewiss dürfte aber sein,
dass, wie es auch gesprochen werde, an demselben Orte die
gleiche Qualität für Kürze und Länge gilt.[1]

Vom französ. *ŏ* unterscheiden sich nordd. *o* in *Volk, soll*, und
engl. *o* in *not, dog* dadurch, dass beide nicht *ö*-haltig sind. Dazu
ist der engl. Laut noch weniger gerundet und mehr guttural
(weiter zurückliegend) als der französische, der auch vorgeschobener
ist als der deutsche.

Artikulation des *ə*: Kieferwinkel, Mundspaltenweite und
Lippenrundung die Mitte haltend zwischen *ö* in *feu* und *ÿ* in
heure, peuple. Mittlere Höhenlage der Zunge, welche mit ihrer
Spitze etwas zurückgezogen und zugleich gegen den vorderen
Gaumen gehoben wird, woher der gemischte Charakter des Vokals.
Die artikulierenden Teile sind angespannt: der Laut ist eng.

Im Ganzen ist richtig, wenn auch unvollständig, was Lesaint
(Traité de pron. p. 32) von demselben sagt: „*eu* moyen, plus
ouvert que dans *jeu*, et moins ouvert que dans *seul*." In der

---

[1] Es muss ausdrücklich darauf hingewiesen werden, dass im Französ.
die Quantitätsänderung eines Vokals keinerlei Einfluss auf die
Qualität desselben ausübt. Natürlich ist diese Bemerkung phonetisch,
nicht historisch zu verstehen. Vergl. auch Lange, Lautstand, p. 8. Langes
offenes *o* mit der ö-haltigen Nüance des kurzen habe ich unzählige Male in
Reims gehört von einem als Musterredner bekannten Domprediger, der
kurzes *ŏ* übrigens nicht nur vor *m* und *n* sprach. Hierzu Vietor, § 43,
A. 1. Storm, p. 59. A. 2.

Tat ist der Laut weder das eine *(jeu)*, noch das andere *(seul)*, sondern liegt mitten inne, wenn nicht vielleicht dem *seul* etwas näher. Ich kann daher Storm (p. 66) und namentlich Lange (l. c. p. 25) nicht ganz beistimmen, wenn sie den ə-Laut mit dem *ö* in *peuple* qualitativ identificieren. Lange sagt darüber (l. c.): „Wir haben oben bemerkt, dass das *e* von *que* mit dem *ö* (*ö*) von *peuple* identisch ist, und uns dabei auf Storm berufen. In der Tat lautet heute das sog. stumme *e* in denjenigen Fällen, wo es den Wert eines vollen Vokals erhält, wie in *croyez-le* oder wenn von zwei solchen *e* in aufeinanderfolgenden Silben das zweite stumm und das erste um dessen Wert vermehrt wird, genau wie ein volles *ö*, so dass z. B. *le repas* und *leurs pas. je le retiens* und *je leur tiens* in der Aussprache zusammenfallen." Quantitativ, vielleicht: aber der Vokalqualität nach — sicherlich nicht. Der Vokal in *leur(s)* ist unstreitig offener und weniger gerundet. Die Aussprache der beiden Takte *le repas* und *leurs pas* unterscheiden sich, streng genommen, auch noch dadurch, dass in *le repas* das *r* oder genauer der auf *r* folgende Stimmgleitlaut labialisirt wird, um Ersatz für das elidierte ə zu schaffen. Dieser gerundete voice-glide zeigt sich namentlich und ganz gewöhnlich im kolloquialen Französisch nach stimmhafter Konsonanz im In- und Auslaut. So wird z. B. in „*le bien et le mal*" der Takt „*et le*" gesprochen gleich *ēl*, aber mit gerundetem off-glide des *l*: da nun diese Artikulation mit der des *l* zeitlich nahezu zusammenfällt, so könnte man geradezu von einem gerundeten *l* reden, welches vikarierend für den ə-Laut eintritt. Das Gleiche gilt für *r*. In *et revint* ist *r* taktauslautend und wird gerundet: dafür fällt ə weg. Wenn dieser voice-glide allerdings nicht die bestimmte Artikulation des Vokals hat, dessen Stellvertretung er übernimmt, so ist doch bemerkenswert, dass die Rundung ihn dem ə-Laut sehr nahe bringt. Ein einfaches „vocal murmur" ist dieser glide jedenfalls nicht.

Französisches ə erscheint demnach in zweierlei Gestalt: 1) als volltönender, bestimmt artikulierter gemischter Vokal; 2) als Stimmgleitlaut — beide Male mit Rundung. Dass dieses unbetonte *e* im Kolloquialfranzösisch und noch mehr in der Vulgärsprache besonders vor stimmloser Konsonanz lautlich ganz fortfällt, wo es im Discours soutenu (namentlich in der Deklamation höherer Poesiegattungen) gehört wird, soll hier nur vorübergehend erwähnt werden. Nur ist daran zu erinnern, dass jene Aussprache in der gegenwärtigen Gebrauchsform des Neufranzösischen die ungezwungene, natürliche, diese die gemachte, gekünstelte ist. Dass aber diese verschiedenen Gebrauchsweisen wirklich existieren, ist unzweifelhaft. Hiergegen vergl. Trautmann und Lesaint. Ersterer sagt darüber Folgendes (Sprachl. p. 225, Anm.): „In Deutschland findet man noch oft die Ansicht, dass die für gewöhnlich stummen _e_ wenigstens in Versen stets lauten. Sie haben einmal gelautet: in Prosa sind sie bis tief ins 17. Jahrhundert gesprochen worden (vergl. Thurot [de la prononciation française etc.] I, 171) und in Versen sicher geraume Zeit länger; aber heute gilt durchaus, was Lesaint p. 49 sagt: "Dans la poésie, lue ou déclamée, la prononciation est tout à fait la même que dans la prose ... et l'_e muet_ n'est ici pour rien". Ich kann dem nicht beistimmen, nachdem mich in Reims die Recitationen eines Legouvé, einer Mme Ernest und anderer Autoritäten vom Gegenteil überzeugt haben.[1])

Von einigen Orthoëpisten wird das auslautende _e_ in deutsch _Gabe_ mit dem französ. ǝ identificiert; ja sogar einzelne namhafte Phonetiker machen keinen Unterschied. So finden sich auf der Bell-Sweet'schen Vokaltafel deutsch _Gabe_ und französ. _de_, _le_ in einem Feld beieinander. Das ist ungenau und geeignet irrezuführen. Beide Laute sind deutlich verschieden: der deutsche ist weit und ungerundet, der französ. eng und gerundet.[2]) (Vergl. Storm p. 66.)

----

[1]) In Leipzig pflegte ich freundschaftlichen Verkehr mit zwei hochgebildeten Franzosen, deren einer mit grosser Auszeichnung die École normale supérieure besuche hatte (jetzt Professor an der Sorbonne). Beide lehrten mich in ernster Poesie das sonst stumme _e_, wenn auch weniger markiert als in Prosa, auszusprechen.

[2]) Hier möchte ich auf einen weiteren Kontroverspunkt in Bell's Vokalschema aufmerksam machen. Wo soll französ. ǝ seine Stelle finden? Der Laut ist unstreitig mid-mixed und ist narrow; aber er ist auch rund. Suchen wir dieses Feld auf, so finden sich als Bell's neueste Notationen (Vietor, p. 20), daselbst angeführt: Yorksh. _come_, ir. _Dublin_, französ. _homme_ und die Oralbasis zu _ô!_ Also ganz unmöglich, ǝ hier unterzubringen. Man fragt unwillkürlich, wo dann der Laut einzuordnen sei. Ich belasse ihn einstweilen noch auf seinem von Bell ihm angewiesenen Platze (ungerundeter mid-mixed-narrow), verhehle mir aber nicht, dass er hier ebensowenig Berechtigung hat, wie das _e_ des von Sweet beigefügten deutschen _Gabe_, welches "wide" ist.

Zum Vorstehenden vergl. Victor (§ 59 u. A. 1). der französ.
ʋ gar nicht den gemischten Vokalen, sondern den reinen ö-Lauten
beizählt und dasselbe als „mittleres ö" bestimmt. S. auch Zs.
f. nfrz. Spr. u. Litt. II, 1880, p. 51.

Hier schliesst die Untersuchung über die reinen oder Mundvokale. Wir fanden deren zwölf: 6 palatale (i, e, ä: ü, ö, ö),
4 gutturale (u, o, å, a), 2 gemischte (ö, ʋ). Wegen der Vokaltafel s. unten bei den Nasalvokalen.

Als allgemeine Merkzeichen ergeben sich für die französ.
Vokale deren straffe, saubere Artikulation, woher die fast ausschliesslich enge Bildung derselben, und — wo sie auftritt — deren
ausgeprägte Rundung. Bemerkenswert ist auch die nahezu vollständige Ausbildung der Palatalvokale, welche (wie auch die gutturalen)
einen mehr vorgeschobenen Charakter als die entsprechenden
deutschen und englischen haben. Für die Erkenntnis und Aneignung
der französ. Artikulationsbasis ist dies von grosser Wichtigkeit.

2. Die (Guttural-) Nasalvokale.

Die wesentlichste Bedingung zur Bildung von Vokalen mit
Nasenresonanz ist die Senkung des weichen Gaumens nach
der Zungenwurzel hin. Antoptische Beobachtungen können jeden
überzeugen, dass bei der Aussprache eines beliebigen Nasalvokals
das Gaumensegel schlaff herabhängt, während beim raschen Übergang zum entsprechenden Mundvokal sich dasselbe energisch hebt
und an die Rachenwand anlegt. Bei den Nasalvokalen entweicht
also der expirierte Luftstrom durch beide Ausgänge des Lautrohrs. Nicht immer gleichmässig. So werden die französ. ã, õ etc.
in der Regel mit tieferer velarer Senkung gebildet als die entsprechenden süddeutschen (fränk., bair., alemann.). Das tiefere
Senken aber bedingt das Entweichen eines grösseren Quantums
des tönenden Luftstroms durch die Nasenhöhlen, wodurch wiederum der Resonanzraum derselben in stärkere Schwingungen ver-
setzt, die Intensität des nasalen Klanges also erhöht wird. Vergl.
Sievers[2], p. 80, und Victor § 119, A. 1.

Nach Bell und Storm (p. 36) gehört zur Erzeugung der
Nasalvokale noch eine besondere gutturale Engenbildung
zwischen Zungenrücken und Gaumensegel, indem die Hinterzunge
sich nach letzterem hinwölbt. Sicher und leicht zu beobachten
ist dies nur beim tiefen å (ã), wo eine deutliche Rückwärts-

(aber nicht Aufwärts-) Bewegung der Zungenwurzel stattfindet.
Bei den übrigen, namentlich hohen Vokalen aber entzieht sich
diese und das Velum der direkten Beobachtung, so dass hier die
gutturale Engenbildung mit Sicherheit nicht konstatiert, sondern
aus Gründen physiologischer Analogie nur vermutet werden kann.
In diesem Falle könnte sich eine genaue Lokalisierung des
Artikulationsgefühls recht nützlich erweisen, wäre dieselbe nicht
gerade hier so schwierig. — Der Bell-Storm'schen Ansicht
schloss sich früher auch Sweet an. "The pure nasal vowels,
which are common in many South German dialects must be
carefully distinguished from the French nasals, in which there
is *guttural compression* (die besondere gutturale Engenbildung
zwischen Zungenrücken und Gaumensegel) *as well as nasality*
(Hdb. p. 8). P. 122 des Handbook spricht er von den peculiar
gutturo-nasal vowels des Französischen. Später jedoch (l. c. 211)
zweifelt er an der Notwendigkeit dieser Artikulationsform. "I
now doubt the necessity of any guttural compression in the
formation of the French nasals: their deep tone may be due
simply to *the greater lowering of the uvula* than in South German
and American nasality." Der Ansicht Storm's scheint auch
Sievers (p. 81) zu sein. Wie man sieht, werden beide Meinungen
von ersten Autoritäten vertreten, verdienen also wohl Beachtung.
Die Frage ist nicht leicht zu entscheiden und bedarf noch ge-
nauerer Untersuchung. Sweet's Zweifel scheint berechtigt. Bei
den tiefen französ. Nasalvokalen findet allerdings eine gewisse
Annäherung des Zungenrückens an das Gaumensegel statt, aber
jene Bewegung scheint nicht eine vom Sprechenden willkürlich
hervorgerufene zu sein, sondern ist wohl eine natürliche Folge
der tiefen Senkung des Velum. Je tiefer diese Senkung, desto
ausgeprägter die entsprechende Zungenwurzelbewegung.

Im Französ. gibt es nicht, wie Bell (Visible Speech p. 78)
und Ellis (E. E. P. L., p. 67) wollen, eine Menge nasaler
Schattierungen, sondern eine ganz bestimmte, und zwar sehr be-
schränkte Anzahl lautlich fixierter nasaler Vokaltypen, nämlich
die vier bekannten: ã, ä, õ, ö. Sie haben in der guten Pariser
Gesellschaft oder auf der ernsten Bühne nur eine anerkannte
Aussprache und nur diese kann hier, bei der phonetischen Analyse
der Standard-Laute, in Betracht kommen. Vor allem müssen
gerade wir Deutsche uns von der noch vielfach verbreiteten

Meinung frei machen, die französ. Nasalvokale seien nicht homogen, endigten vielmehr mit einem konsonantischen Element *(y)*. Nur so ist erklärlich, dass man in einer Reihe französ. Grammatiken und Aussprachedarstellungen den nasalen Charakter von etwa *an*, *on* ganz gewöhnlich mit *ang*, *ong*[1]) figuriert findet. Ja selbst einzelne wissenschaftliche Darstellungen sind von der alten Vorstellung noch nicht völlig frei. So heisst es z. B. bei Lindner, Grundriss der Laut- und Flexionsanalyse der neufranzös. Schriftsprache, Oppeln 1881. p. 13: „Die Verbindungen eines Vokals oder Diphthongen mit den Nasallauten *m* oder *n* werden nicht wie im Deutschen so gesprochen, dass der Vokal zuerst ertönt, und darauf der Konsonant hörbar wird, sondern Vokal und Konsonant werden zugleich ausgesprochen. Der den Laut hervorbringende Luftstrom spaltet sich und geht teils durch den in die betreffende Vokalstellung gebrachten Mund, teils durch die Nase, mit Vibration der Stimmbänder zur Artikulation des Vokals, wodurch solche Verbindungen das konsonantische Element fast abstreifen, der Vokal aber eine andere Klangfarbe annimmt, welche zusammen mit dem kräftigeren Klange einen Ersatz für den fast gänzlich verlorenen konsonantischen Laut abgibt.“

Ob volllautendes konsonantisches Element (oben *y*) oder „fast gänzlich verlorenes“ — beides ist irrig. Man hat den unbestimmten Ausdruck „Nasallaut“ nicht ohne Grund durch den allein richtigen „Nasalvokal“ ersetzt. Wir haben es eben mit einem Vokale zu tun, und als solcher kann er angehalten werden, so lange das Expirationsvermögen andauert, was mit einem *ang*, *ong*, — hinsichtlich des Vokals — nicht möglich ist, denn hier ist das vokalische Element notwendig momentan, und schliesse ich Gaumensegel und Zungenwurzel zusammen, so habe ich zwar auch einen kontinuierbaren Nasal — aber einen Konsonant. Lindner's Beschreibung des Nasalvokals kommt dem tatsächlichen Verhältnis immerhin noch nahe; aber mit den leidigen ang-, ong-, und ähnlichen Bezeichnungen wird selbst das ehrlichste Streben des Lernenden auf falsche Fährte gelenkt. Aus diesen Gründen

---

[1]) So z. B. August Waldow, Handbuch der französ. Ausspr. nach den besten Pariser Quellen etc., Berlin 1866, p. 63: *am* hat vier Laute: 1) wie an in Angel u. s. w.!

empfiehlt es sich. als Transskription für den Laut die bereits mehrfach angewandte und phonetisch allein richtige des einfachen Vokals zu adoptieren, der mit einem Zeichen versehen wird, um die Nasalierung anzudeuten. Ich wähle mit Storm die Tilde (~).[2])

Was nun die oralen Vokalbasen betrifft, welche der Nasalierung als Unterlage dienen, so ist Folgendes zu bemerken. Dem *ã* liegt ein Mittelding zwischen dem *a* in *pâte* und demjenigen in schott. *father* zu Grunde. Nach Havet und Storm ist es das *a* in *pâte* selbst: ich habe mich jedoch auf Grund einer ganzen Reihe sorgfältiger Beobachtungen von der Richtigkeit dieser Angabe bisher noch nicht überzeugen können. Liess ich mir von phonetisch gebildeten Nordfranzosen *ã* vorsprechen und dann das Gaumensegel heben, im übrigen aber die vokalische Artikulation genau beibehalten, so blieb regelmässig ein Laut zurück, der deutlich eine Schwebung tiefer lag als der in *pâte*. Auch in meiner eigenen Aussprache beobachte ich das gleiche Verhältnis. Beide Phonetiker bemerken aber sehr richtig, dass die orale Basis von *ã* jedenfalls nicht das schwach palatale helle *a* in *madame* ist. Provinziell begegnet man allerdings dieser wie noch anderer Aussprachsweisen. So ist nach Storm *ã* mit palatalem *a* (*ä*, *ä*) auszusprechen. pikardisch (vgl. Molière, M. de Pourceaugnac: *aïnfaint* für *enfant*, u. a.). „*ã* mit labialem *a* ausgesprochen (also mehr nach *ô* hin), scheint poitevinisch" und, wie ich hinzufüge, ist sicher auch in der Champagne zu hause. In Reims hört man von den niederen Klassen der Bevölkerung. wie von umwohnenden Bauern ein sehr tiefes, leicht gerundetes *ã* sprechen, das stark an *ô* erinnert, so dass ein ungeübtes Ohr s*ã* (*sang*) leicht als s*ö* auffassen kann.

In *ä* ist die Oralbasis ein breites *ä* wie in schwed. *kär* (*lieb*) *lära*, *böra*, oder in der Aussprache der Ostseeprovinzler im Worte *schwer*, also nicht unser *ä*[2]) in *schämen*. *Säbel* oder französ. *père*, *haire*. Für mich ist der Unterschied von *ä* in *père* und dem in

<hr>

[1]) Sievers und Vietor haben *ͤ*, Breymann (unter dem Vokalzeichen) *.*, Toussaint-Langenscheidt *n*, Trautmann *ͮ* u. s. w. Also mit *ã* *a̜* *a̧* *a̞* *a²* — immer der gleiche Laut gemeint!

[2]) Es gehört sorgfältige Beobachtung dazu, die rechte Mundvokalbase zu gewinnen, und dieses Erfordernis ist unabweisbar für jeden, der die Nasalvokale korrekt lehren oder lernen will. Bei einem *ã*, *ö* etc. darf man daher nicht gleich an ein beliebiges *a*, *o* denken. Hier sind diese Lautzeichen nur um ihrer einfachen leserlichen Form willen beibehalten worden.

lüra dieser. dass bei letzterem der Kieferwinkel erweitert und der konvexe Zungenrücken ein wenig abgeflacht wird. Dabei bleibt die Zungenspitze passiv an den Unterzähnen liegen. Kommt zu dieser Mundstellung Senkung des Gaumensegels, so entsteht der Nasalvokal in *vin*, *étain*.

Dem *ö* liegt nicht das gewöhnliche geschlossene *ö* in *peu*, schon eher das offene in *leurre* zu Grunde; tatsächlich aber ist es ein noch tieferer, mehr gesenkter Vokal (der lowered midfront-wide-round). Storm findet ihn identisch mit schwed. (und ostnorw.) *ö* in *för (früher)*. Artikulation: Zungenrücken und Unterkiefer noch mehr gesenkt als bei *ö* in *peur*: Rundung gemindert.

Die Basis des *ö* endlich ist nicht, wie englische Phonetiker wollen, das schwach *ö*-haltige weite *ó* (mid-mixed-wideround) im französ. *pomme*, *bonne*, *col*, sondern das gewöhnliche nordd. (hannöv.) *ó* (mid-back-wide-round) in *soll*. *Volk*, *Dotter*, welches sich von jenem besonders dadurch unterscheidet, dass es eben nichts *ö*-haltiges, weil nicht die Artikulation der gemischten Vokale hat. —

Schliesslich noch eine allgemeine Bemerkung zum vorstehenden Kapitel. Lange (l. c. 25) macht mit Brücke darauf aufmerksam, dass. obwohl es gelingt. jeden Vokal mit dem Nasenton hervorzubringen. doch nur *a*, *ä*, *ö* und *o* als Nasalvokale vorzukommen pflegen. „Im Französ. finden wir in der Tat nur *ã*, *ẽ*, *õ*, *ø̃* (genauer *ã*, *ẽ*, *ø̃*, *ö̃*). also nur tiefe Vokale. Die Lage des Gaumensegels verhindert eben die Hebung der Zunge zur Bildung von mittleren oder gar hohen Vokalen. Sollen diese letzteren nasaliert werden, so sinken sie in ihrer Reihe bis zur untersten Stufe: *a* wird *ã*, *i* und *é* werden zu *ẽ*, *ó* zu *õ* und *ö* zu *ö̃*." Ich kann dem nur beistimmen und will noch bemerken, dass, wie oben gezeigt wurde, die Oralbasen sogar noch eine Schwebung tiefer liegen als jene Tiefstufe (*ã* tiefer als *á*, *ö̃* tiefer als *ö* u. s. w.); das Französ. hat demnach die Neigung, die Nasalvokale möglichst voll und sonor zu entwickeln. Eine weitere Folge der eigentümlichen Stellung des hinteren Mundkanals ist, nach Lange (l. c.), die Verschiebung der Vokale nach der gutturalen Seite hin. *ã* und *õ* seien mehr guttural als *á* und *ò*; *ẽ (ä)* und *ö̃* seien als hintere Palatalvokale zu bezeichnen. Endlich mache die Gebundenheit der Zunge bei der guttural-nasalen Kompression (Lange ist Anhänger der obenerwähnten Storm'schen Theorie) ein energisches Anspannen zur Hervorbringung eines engen Vokals unmöglich. Zum mindesten sei dies bei den palatalen Vokalen *ë* und *ö* der Fall. Diese ansprechenden Beobachtungen hinsichtlich der Einwirkung der Nasalität auf die Basis der Mundvokale fasst Lange in diese drei Sätze zusammen:

a) Der Vokal sinkt bis auf die tiefste Stufe seiner Reihe.

b) Der Vokal wird aus der vorderen (sei es gutturalen oder palatalen) Stellung in die hintere zurückgezogen.

c) Der enge Vokal wird zum weiten. —

Eine gute physiologische Darstellung der Erzeugung des „Nasentones" findet sich bei Brücke, Grundzüge [1] p. 27 ff. u. [2] p. 37 ff.: nur ist zu berichtigen, was B. dort (auch in der 2. Aufl. noch!) sagt, dass es im Deutschen keine Nasalvokale gäbe. Im Bühnendeutsch — nein: aber in den breiten Gebieten der südd. Dialekte! —

Die vorstehende Untersuchung hat vier Nasalvokale ergeben. Dieselben in Verbindung mit den zwölf reinen oder Mundvokalen erscheinen in der Bell'schen Vokaltabelle wie folgt:

	Eng (narrow) = Geschlossen.			Weit (wide) = Offen.		
	Hintere (back)	Gemischte (mixed)	Vordere (front)	Hintere ((Gutturale)	Gemischte ((Guttural-palatale)	Vordere (Palatale)
Hohe (high)			*i* (riz)			
Mittle (mid)		*ə** (que)	*e* (blé)	*ä** (madame)		-
Niedrige (low)			*ä* [*ă*] (père)	*a** [*ă*] (âme)		(viell. *ä?*) engl. sad
Hohe	*u* (cou)		*ü* (lune)			
Mittle	*o* (peau)		*ö* (peu)	[*ő*] hann. soll	*ŏ* (bonne)	*ö* [*ő*] (leurre)
Niedrige			(viell. *ő?*) schw. för			
	Eng u. gerundet (Narrow-Round)			Weit u. gerundet (Wide-Round)		

Anm. Ueber die mit einem * bezeichneten Vokale vgl. das oben in Text u. Anmerkungen Gesagte. S. zur Vergleichung auch die allg. Vokaltabelle.

Die Diphthonge.[1])

Die unter 1 und 2 erwähnten, einfachen Vokallaute können diphthongiert, d. h. mit einander vereinigt und diese Gruppen mit einem Expirationshub ausgesprochen werden. Im Sinne der älteren Grammatik, namentlich der Griechen und Römer, war nur dann von einem Diphthong die Rede, wenn der erste der beiden Komponenten den Accent erhielt: *κάυμα, πείσθαι, áurum.* So auch im Germanischen. Im Laufe der Weiterentwickelung dieser Sprachen jedoch, namentlich der filiierten lateinischen, entstanden einhubige Vokalgruppen, welche den Accent auf den zweiten Komponenten verrückten. Die neuere Lautwissenschaft erweiterte infolgedessen den Begriff und nennt Diphthonge alle einsilbigen Verbindungen mehrerer Vokale. Um aber die beiden historisch gewordenen Formen der Accentuierung auch in der Terminologie auseinanderzuhalten, spricht sie von echten (alten) und unechten (neuen) oder von fallenden und steigenden (Tobler, Sievers) Diphthongen, je nachdem der accentuierte Vokal voraufgeht oder folgt. Die deutschen, englischen etc. sind demnach echte, fallende, die französischen, wie die Mehrzahl der romanischen, unechte, steigende. Vgl. französ. *groin (grŭā'), roi (rŭá), Rouen (rŭā'),* it. *nómini,* span. *fŭéc* etc. (vgl. freil. auch span. *réy, cautivo, au = áu* u. a.). In diesen Verbindungen bildet der erste Komponent gewöhnlich einen nicht sonantischen oder Halbvokal, d. h. einen „unter der Accentlosigkeit zur Funktion als Konsonanten herabgesunkenen Vokal".

Die wesentlichen Elemente und Bedingungen eines jeden Diphthongs sind nach Sweet die Kombinationen Vollvokal ("vowels formed by a fixed configuration") + glide-vowel, oder glide-vowel + Vollvokal (fore-glide und after-glide diphthongs). Paradigma: *ái — iá.* Für das Französ. käme nur in Betracht die zweite Form; *rien = rĭā'.* Nun ist bemerkenswert die Ansicht desselben Phonetikers, nach welcher es im Französ. überhaupt keine Diphthonge gibt. "Observe the absence of diphthongs

---

[1]) Dieser Abschnitt gehört streng genommen in die Kombinationslehre. Da jedoch gerade im Französ. die Vokalkomponenten der Diphthonge qualitative Veränderungen erleiden, welche ihren diphthongischen Charakter überhaupt zweifelhaft erscheinen lassen, so ist hier eine Besprechung der einschlägigen Fragen geboten.

(which are represented by consonant-combinations)" [Hdb. p. 122].
Was er mit diesen "conson.-combin." meint, ist so ohne weiteres
nicht ersichtlich. Vielleicht hält er den ersten Komponenten der
französ. Diphthonge für einen wirklichen Konsonanten, was allerdings den diphthongischen Charakter der Vokalgruppe zerstören
würde. Fest steht jedenfalls, dass diese Sprache in ihrer heutigen
Form keine echten Diphthonge mehr kennt und die Zahl der
unechten, wenn überhaupt davon die Rede sein kann, sehr beschränkt ist: denn nach harten und weichen Verschluss- und
Reibelauten wird der erste Komponent des „Diphthongs" allerdings zum Konsonanten, nach harten zum tonlosen, nach weichen
zum tönenden. Vgl. *puis* und *buis*, *huile* und *conduite*, *fouet* und
dérouer, *chien* und *Giens* etc. S. auch unten bei den bilabialen
und mediopalatalen Reibelauten. Ob diese unsilbigen Komponenten
(bes. *i*) auch nach Nasalen und Liquiden, oder aus- und inlautend
ohne vorhergehende Konsonanz zu stimmhaften Spiranten werden,
dürfte noch streitig sein: doch habe ich in nationalfranzös. Aussprache und von sehr gebildeten Individuen *mien*, *lien*, *rien* u. a.
mit deutlich spirantischem (wenn auch schwach geräuschigem) *i*
(*j*), also *mjä, ljä, rjä* gehört. Sievers, Vietor u. a. sehen in
diesen unsilbigen Elementen lediglich Halb- oder Gleitvokale.
Lange weist (Lautstand 43) darauf hin, dass dieselben „ihrem
Laut nach durchaus vokalisch bleiben", und fährt fort: „mag
man das, was Duclos den "son transitoire", Thurot, die
"voyelle faible", Sweet den "glide-vowel" nennt, immerhin auch
mit Sievers als Halbvokal bezeichnen, die Hauptsache ist, dass
derselbe bei den sog. eigentlichen (fallenden) Diphthongen eben
so gut vorkommt, nur mit dem Unterschiede, dass er einmal als
zweites Element, das andere Mal dagegen als erstes fungiert,
was eben den Unterschied zwischen fallenden und steigenden
Diphthongen ausmacht." Dies ist nur mit Einschränkung richtig
und für die Beantwortung der Frage, ob unsilbiges *i* (*i* + Vokal)
unter allen Umständen seinen vokalischen Laut behält, also
diphthongbildend ist oder nicht, nicht entscheidend. Denn allerdings wird z. B. *i* in *äi — iä* einmal nach, das andere Mal vor
dem Vollvokal in unsilbiger Funktion gebraucht, hat hier wie dort
glide-artigen Charakter und ist wohl auch quantitativ gleich: aber
die Qualität wechselt: in *äi* erscheint *i* erfahrungsmässig stark
gesenkt und jedenfalls als rein vokalischer Laut: in *iä* dagegen

behält dasselbe — im Französ. wenigstens — seine Höhelage bei
und ist von der Natur der voraufgehenden Laute bezw. von dem
Umstande abhängig, ob es nach vorn isolirt ist. Dass in *jambe*
und *pion* (*iäb* — *pjö*) *i* qualitativ nicht dasselbe ist, muss
ohne weiteres zugegeben werden. Es stört nicht, dass es im
letzteren Falle nur funktionell als Konsonant auftritt. Hauptsache bleibt, dass es in dieser Verwendung seine lautliche
Qualität ändert.

In dieser Frage, ob und wann unsilbiges französ. *i* lautlich
Konsonant, geht von den Phonetikern besonders Trautmann
radikal zu Werke. Er sagt (Sprachl. § 676 ff.): „*i* = *j* und *j*
(unserer Bezeichnung) vor Vokalen. Der stimmhafte Laut *j* gilt
im Anlaute, nach Vokalen und nach stimmhaften Konsonanten:
*jambique ionien. aïeul naïade. bien mien r'a'n Xodier figuier
bannière lisière collier.* u. s. f., der stimmlose Laut *j* nach stimmlosen
Konsonanten: *tien sien chien ciel bottier profession greffier* u. s. f. . . .
Steht vor dem *i* ein *l* oder ein *r* mit einem andern Konsonanten,
wie es z. B. in *prions pliez enerer bouclier* der Fall ist, so ist
i weder *i* noch *j*, sondern lautet *ij* und gehört nur mit seinem
zweiten Bestandteile zur Treffsilbe: *pri-jö', bakli-jé* u. s. f.", wo-
nach in den Gruppen -*ions*, -*ier* keine Diphthonge zu erblicken
wären. „In der gewöhnlichen französ. Rede", sagt Trautmann
endlich, „pflegt heute jedes *i*, das vor einem lautbaren Vokal
und nach einem einfachen (s. *prions. bouclier!*) Konsonanten
steht, ein *j*, bezw. *j* zu sein, also nicht nur *bien* = *bjä'* und
sortions = *sortjö'*, sondern auch *lien* == *ljä'* und *action* = *aksjö'*.
Entsprechendes gilt von *ou* und *u* (*a* und *ü*), die vor Vokalen
meist blosse Konsonanten sind. . . . *Loua* pflegt in gewöhnlicher
Rede so gut einsilbig zu sein wie *fouet*, und *persuade* so gut zwei-
silbig wie *écuelle*." Danach wäre die Diphthongfrage im Französ.
klar entschieden. Es existieren in dieser Sprache namentlich
drei Typen: *i* + Vokal, *u* + Vokal (denn *roi* und *Rouen* sind für
den ersten Komponenten gleichlautig: *u*) und *ü* + Vokal. Da
nun aber *i u ü* in diesen Verbindungen sich als Konsonanten erweisen, so ist mit Sweet zu wiederholen, dass es im Französ.
keine Diphthonge gibt, dieselben vielmehr durch konsonantische
Kombinationen (Konsonant + Vokal) ersetzt werden.

Zum Schluss möge noch die Ansicht eines namhaften aus-
ländischen Phonetikers, des Franzosen Louis Havet, hier Platz

finden, der über den $i + e\,(\ddot{a})$ - Diphthong seiner Muttersprache folgendermassen urteilt: „ici (in Wörtern wie *pied*. *pitić*, *chien*) *y* (= *i*) représente une *consonne*, par opposition à *i* qui est une voyelle. La consonne *y* est sonore (stimmhaft) après une sonore: *vyent*=venit; après une sourde, elle est sourde: *tyent*=tenet. Sonore, elle est identique (?) au jot allemand (welchem? Berlin, Leipzig, München?); sourde, auch *ch* de *ich*“ (der französ. Laut ist doch wohl vorgeschobener und von schwächerem Reibegeräusch). Als Resultat seiner Untersuchung erhält Havet: „il n' y a plus en français de diphtongue *ie*“, allgemeiner: $i + $ Vokal. S. Havet, „La prononciation de *ie* en français“ in Romania III (1877), 321 ff.; vgl. auch VI, 321 ff.: Mém. de la Soc. de Lingu. II, 326 und bes. 219 ff., wo er das gleiche Verhältnis für *y* + Vokal und *ü* + Vokal nachweist.

3. Die Nasale.[1)]

(m, n, ń.)

Im Französ. sind drei Nasale zu betrachten: ein bilabial artikulierter (*m*). ein linguodentaler (*n*) und ein palataler (*ń*). Die beiden ersten sind wesentlich die bühnendeutschen, vielleicht das *n* etwas mehr vorgeschoben; der letztere ist dem Deutschen unbekannt.

Das Wesentliche der Nasale besteht darin, dass dem tönenden Luftstrome nicht nur die abgeschlossene Mundhöhle, sondern auch und vorzugsweise der Nasenraum als Resonanzkammer dient. Das Specifische derselben ist demnach der Nasenton, nicht der Verschluss. Es ist Havet nicht beizustimmen, wenn er (Mém. de la Société Ling. II, p. 74 ff.) erklärt, die Nasale seien „Consonnes instantanées“. Unter solchen versteht er nämlich, wie aus seiner Darstellung hervorgeht, momentane Laute in unserem Sinne, daher auch Verschlusslaute. Den Einzelausführungen des französ. Phonetikers kritisch auf dem Fusse zu folgen, ist hier nicht der Ort, es soll vielmehr zu seinen Resultaten nur einiges summarisch bemerkt werden. Havet kommt (l. c. p. 80) zu folgendem Schluss: „En résumé: les nasales (et les *l*) sont des consonnes instantanées. *des arrêts tout comme p ou t*: mais ces arrêts consonantiques sont accompagnés d'une

---

[1)] Brücke's „Resonanten“. Vgl. zu diesem Ausdruck Sievers[2], p. 44.

résonance vocalique *qui n'en constitue pas la partie essentielle*, et qui seule est continue. Cette résonance peut être détachée de l'élément consonantique; elle constitue alors une voyelle, peut être chantée, et forme des syllabes et des diphtongues." Diese Angaben entsprechen nicht völlig der Wirklichkeit, denn

a) Consonnes instantanées, momentane, sind nur die Verschlusslaute; solche aber sind *m* und *n* nicht. Das Wesentliche derselben ist eben, das ein wirklicher (hermetischer) Verschluss gebildet werde, bei dessen Durchbrechung (Auslösung) ein mehr oder minder vernehmbares Platzgeräusch entsteht, weshalb sie wohl auch Platzlaute (Explosiva; Trautmann: „Klapper") heissen. Nun aber hängt bei den Nasalen das Gaumensegel frei herab, und der Stimmton streicht ungehindert durch das cavum pharyngonasale. Ich kann sehr energisch die Silben *ma* und *na* aussprechen: zu einem Explosivgeräusch werde ich es kaum bringen, weil die in der Mundhöhle befindliche Luft nicht komprimiert wird, sondern durch die offene Röhre frei entweicht. Schliesse ich aber das Gaumensegel fest an die hintere Rachenwand und versuche nun die gleichen Silben auszusprechen, so erhalte ich kein *ma, na* mehr, sondern ein *pa (ba), ta (da)*. Das Specifische der Verschluss-(Explosiv-)laute fehlt also den Nasalen.

b) Die Nasale sind auch keine momentanen Laute (consonnes instantanées), keine „arrêts tout comme *p* ou *t*": denn spreche ich die Silben *ap, at,* so höre ich den Vokal + (unter Umständen) ein leichtes Klappgeräusch, das unmittelbar darauf auch schon verstummt. Spreche ich dagegen mit gleicher Artikulationsenergie *am* und *an*, so ertönt nicht, wie Havet will, nach dem Vokal erst ein specifisches (primäres) Konsonantengeräusch und die (sekundäre) vokalische Resonanz folgt hinterher, sondern diese Resonanz gehört so notwendig zum Charakter der Nasale, dass sie ohne Preisgabe ihrer lautlichen Eigentümlichkeit von ihnen nicht getrennt werden kann. Bei *ap* und *at* wird die Stimme kurz abgeschnitten, und dies geschieht ohne Anstrengung, naturgemäss; bei *am* und *an* muss ich mir eigens Mühe geben, einen gleich brüsken Verschlusseffekt zu erzielen, der gleichwohl nicht gelingt. *Ap* und *at* sind wesentlich momentan; das Specifische des *p*- und *t*-Lautes kann ich nicht oder doch nur ganz beschränkt (bei Länge oder bei Gemination) kontinuieren; *am* und *an* dagegen kann ich beliebig und auf bequeme Weise

aushalten. Bei *ap* und *at* ist nur Vokal + tonloses Verschluss-
geräusch vernehmbar: bei *am* und *an* klingt unmittelbar hinter
dem Vokal eine nasale Resonanz an. Dieselbe muss, wenn auch
noch so kurz, anklingen, sonst erhalte ich keinen Nasal.[1]) Demnach bildet die vokalische Resonanz doch einen integrierenden
Teil der Nasale, kann also von dem konsonantischen Element
derselben (Havet meint offenbar die Lippen- bezw. Zungenartikulation des *m, n*) nicht getrennt werden.

Schliesslich mögen noch die Worte eines bekannten italienischen
Sprachforschers und Phonetikers, Ascoli, über das Verhältnis
von Nasalis zur Explosiva hier Platz finden. „La nasale est
continue, par cette raison manifeste que lorsqu'on la prononce,
les organes restent et peuvent rester indéfiniment dans la même
position qu'ils avaient prise au début . . ..: les nasales et les
explosives ont bien en commun le *contact;* mais c'est la *rupture*
du contact qui produit l'explosive, et au contraire, dans la nasale
cette rupture *n'a pas lieu*" (Ascoli, Corso di glottologia, Torino
et Firenze, 1870, I, p. 19 [frz. Uebersetzung], gegen Max Müller,
Science of Language, I, 182). — Vergl. aber zum Vorstehenden
Trautmann, Sprachlaute, § 249.

Französ. *m* ist wesentlich deutschem und englischem gleich.
Man beachte die straffe Artikulation des französ. Lautes. Lang
(geminiert?) erscheint es in Wörtern wie *grammaire, immense,
immoral, Emma*.

N hat gleiche Artikulationsstelle mit französ. *dt*, also wohl
ein wenig weiter vorgeschoben als die entsprechenden süd- und
mitteldeutschen, jedenfalls vorgeschobener als die englischen
Laute. Lang (geminiert?) ist es in Wörtern wie *inné, innovation,
annales, Anna, innombrable, annoter* u. a.

Beide Nasale scheinen durch den Einfluss voraufgehender
stimmloser Konsonanten in ihrer ersten Hälfte devokalisiert zu
werden. So in *croque-mort, rythmique, cauchemar, doucement*
(*m = m + m*); *lieutenant, picnic, Daphné, Etna, t(e)nir* (*n = n + n*).

Der dritte der französ. Nasale ist wesentlich palatales *n*: der
mouillierte Laut in *bagne, Cologne*. Bei der Bildung desselben

---

[1]) Von Flüster- und stimmlosen Konsonanten wird hier abgesehen, da
nur die lautlichen Verhältnisse der normalen Rede in Betracht kommen.

wölbt sich die Zunge kräftig empor und artikuliert mit der mittleren Partie am Mittelgaumen. „Das Wesentliche ist, dass der Zungenrücken während der Dauer des *n̥* dicht an den Gaumen angelegt wird" (Storm, p. 46).[1] Das für unsere Ohren dem Nasal nachtönende *i̯* oder *j* rührt wohl daher, dass der Verschluss, wie überhaupt bei mediopalatalen Lauten, nicht ganz momentan gelöst werden kann oder wird, so dass eine Art palataler Affricata entsteht. Dieser leicht affricierte off-glide ist, wenn auslautend, gewöhnlich tonlos, da sich die Glottis öffnet in dem Augenblicke, wo die Zunge von ihrer konsonantischen Stellung zurückgezogen wird. Inlautend dagegen (*n̥* + Vokal) wird der Gleitlaut infolge der forttönenden Stimme tönend gebildet und wird dadurch so deutlich, dass er dem ungeübten Ohre als gesondertes Element erscheint, woher offenbar die landläufige Auffassung des mouillierten *gn* = *n* (alveolares oder dentales) + *i* (*i̯, j*). Es ist jedoch ein durchaus einheitlicher Laut.[2]

Eine andere Frage ist die, wie französ. *n̥* sich zu dem korrespondierenden Laut der Schwestersprachen verhält. Sweet stellt *gn* in „*Boulogne*" gleich ital. *gn* in „*ogni*" und span. *ñ* in „*niño*", „*señor*". Ebenso Littré: „Ce son est le même que pour le *gn* italien (*degno, ignoranza*) et le *ñ* espagnol (*España, n con tilde*)." Storm dagegen hält das französ. *gn* vom südromanischen etwas verschieden, „da seine Artikulationsstelle weiter hinten liegt, an der Grenze des harten und des weichen Gaumens, wodurch es sich dem german. *ng* (*ŋ*) nähert". Es sei, meint er, wesentlich

---

[1] Die Zunge schliesst beim *n̥* die Mundhöhle nach vorn ebenso vollständig ab wie bei *n*, oder wie bei *m* die Lippen.

[2] So jetzt auch Vietor, Phon. § 55, A. 1, und Littré in seinem Wörterbuche. „Bien qu'il (der Laut *gn*) soit figuré par deux caractères, c'est pourtant une articulation *simple* et qui pourrait être représentée par un seul caractère" (*n̥* oder *ñ*). Hierzu die abweichende Ansicht Lütgenau's (Jean Palsgrave und seine Aussprache des Französischen, Bonn 1880, p. 48): „Noch heute sind französ. *gn*, ital. *gl* und *gn*, span. *ll* und *ñ* etc. zusammengesetzte Laute, und der Unterschied von den slavischen Konsonanten gibt sich sofort dadurch zu erkennen, dass letztere ohne Veränderung der Artikulation während der Dauer der Laute beliebig lange angehalten werden können, was im Französ. nicht möglich (?) ist"; womit aber zu vergleichen ist Storm (p. 46), welcher das ital. palatale *n* in *campagna*, das span. in *aña* mit dem poln. in *konia* (des Pferdes) wesentlich identisch findet. Zwar breite sich im Romanischen das *i* oder *j*

mouilliertes *y*, nicht ein mouilliertes *n*. S i e v e r s identificiert sp. it. *ń* mit der schweizerischen Aussprache des französ. *gn*, während ihm nordfranzös. *gn* weiter zurückliegt, weshalb er jene vorderpalatalen ital. span. schweiz. *ń* als *ń*[1], den nordfranzös. Laut dagegen als *ń*[2] bezeichnet. Ich fühle mich nicht berufen mitzureden, umsoweniger, da mir die südroman. *ń* nicht eigentlich geläufig sind. Praktisch ist für uns jedenfalls das Wesentliche, dass sich französ. *ń* sowohl vom deutschen *n* als *y* entfernt. Liegt es einem dieser Endpunkte näher, so ist es nur dem letzteren, nicht aber weiter zurück als etwa an der Grenze zwischen hartem und weichem Gaumen.

Zum Ganzen vgl. V i e t o r, Ph. § 55, A. 1 und § 126 u. Anm., besonders aber M o r i t z T r a u t m a n n, Sprachlaute, § 816, 17, wo dieser unter teilweisem Anschluss an S t o r m eine gute Darstellung des französ. *gn* gibt.

4. Die Liquidae.

(*r, l*)

A. *R.* Wegen der möglichen Varietäten der *r*-Laute s. die Kompendien der allgemeinen Phonetik, bes. S i e v.[2] 84 ff., wo dieselben ausführlich erörtert sind. Für das Französische kommen nur in Frage das alveolare und das uvulare *r*, welche nähere Betrachtung erfordern.

---

zum Teil über das *n* hinaus, so dass man ein schwaches *i* v o r und ein schwaches *j* n a c h dem *n* zu hören glaube; dasselbe finde aber oft auch im Poln. statt. Das „schwache *i*", von dem S t o r m hier spricht, ist der tönende on-glide, welcher den notwendigen Übergangslaut bildet vom vorhergehenden Vokal zur stark dorsalen Artikulation des mouillierten Konsonanten. Natürlich muss dieser Vokal ein andrer als *i* sein, in welchem Falle der Gleitlaut fortfällt oder nicht vernehmbar wird. Von dem off-glide (*j*) war bereits oben die Rede. Die beiden glides aber sind notwendige Attribute der dorsalen Zungenwölbung, mit der zusammen sie den einheitlichen Artikulationsakt der Mouillierung ergeben. Französ. *gn* ist demnach unzweifelhaft ein einheitlicher Laut und kann ohne Veränderung der Artikulation während der Dauer derselben beliebig lange angehalten werden, wie die slavischen Laute. S. auch S i e v.[2] § 23, 1, und L. H a v e t, der (Mém. de la Soc. de Ling. de Paris II, p. 220, A. 3) im „*n* mouillé" (*ń*) „une consonne palatale, *simple*, non pas un groupe formé de *n + y*" erblickt.

a) Das alveolare oder Zungenspitzen-r.

„Durch einfache Hebung der Vorderzunge aus der Ruhelage gelangt man zu einer Engenbildung zwischen dem Zungenrand und den Alveolen. Dies ist die Stellung, aus der heraus in der Regel die sog. dentalen oder richtiger alveolaren r artikuliert werden." Dieses ursprüngliche indoeuropäische r hat sich in zahlreichen franzö̈s. Dialekten erhalten. Ich fand es, wenn auch schwach vibriert, in Tours und Orléans, weit energischer artikuliert in einem 10 km. stromabwärts an der Loire gelegenen Ort (St. Ay [*süti'*]) und den benachbarten Ortschaften (la Chapelle St.'Mesmin, Chaingy, Meung, Beaugency u. a.). Gebildete Franzosen versicherten, dass mehr oder weniger kräftig gebildetes Alveolar-*r* im ganzen Bereich des Orléanais gesprochen werde.[1] Feststeht, dass es in einem grossen Teile Frankreichs noch immer gebraucht wird und, wie es scheint, nicht nur von dem niedern Volke. In den Konversationssalons der eleganten Welt dürfte dasselbe freilich ein Fremdling geworden sein, seitdem das souveräne Paris den unschönen Nebenbuhler in die Mode gebracht hat. Es wäre aber wissenschaftlich von Interesse, einmal den Grenzen des alten Aussprachegebiets nachzuspüren und gleichzeitig Beobachtungen darüber anzustellen, inwieweit die gebildeten Stände sich jenes alveolaren Lautes noch bedienen. Wegen der Nähe des zu erforschenden Terrains dürften sich dieser dankenswerten Untersuchung die franzö̈s. Phonetiker, der tüchtige Havet an der Spitze, am geeignetsten unterziehen.

Dass die Aussprache des *r* als alveolaren Zitterlautes in Frankreich früher die mustergiltige gewesen, unterliegt keinem Zweifel. Noch zu Molière's Zeit erfreute es sich nahezu der Alleinherrschaft, und was ist es denn anders als Zungenspitzen-*r*, wenn im Bourgeois Gentilhomme (II, 6) der Maitre de philosophie den nach den Manieren der feinen Welt ängstlich haschenden M. Jourdain belehrt: „l'*r* se forme en portant *le bout de la langue* jusqu'au haut du palais, de sorte qu'étant frôlée par l'air qui sort avec force, elle lui cède, et revient toujours au même endroit, faisant une manière de tremblement." Der grosse Komödiendichter erweist sich hier als phonetischer Zeuge seines

---

[1] Beobachtet habe ich es auch in der Sologne und in der Beauce (Étampes).

Zeitalters. Auch späterhin findet es sich nach zeitgenössischem
Zeugnis noch vorwiegend im Gebrauch. Vgl. Trautmann,
Anglia III, 212 ff. u. Sprachlaute, p. 241 ff. Freilich wurde bereits
im 16. Jahrhundert das Geltungsgebiet desselben von Modetorheiten
heimgesucht.

Wo Zungenspitzen-*r* in gebildeter Rede noch gesprochen
wird, namentlich im discours soutenu, auf der ernsten Bühne etc.,
scheint starkes Vibrieren jetzt vulgär zu sein. Man begnügt sich
mit einem kräftigen Schlage. Legouvé sagt darüber: Ne pas
grasseyer, c'est prononcer la lettre *r* avec le bout de la langue,
en frappant *d'un coup sec* le commencement du palais. tout près
des dents.

b) In den gebildeten Gesellschaftskreisen der franzÖs.Metropole
bedient man sich jetzt wohl ausschliesslich des sog. gutturalen,
besser uvularen *r*. Dasselbe hat seinen Namen daher, dass es
nicht wie jenes aktiv mit der Zunge, sondern nur passiv mit
derselben, aktiv aber mit der uvula (uva), dem am weichen
Gaumen befindlichen „Zäpfchen", gebildet wird. Die Zungenspitze wird ziemlich breit an die Innenfläche der untern Schneidezähne angelegt, die Zungenwurzel dagegen zum Velum palatinum
gehoben, als wolle man eine Gutturalspirans sprechen. In der
Mittellinie des Zungenrückens wird dann eine Furche oder Rinne
gebildet, in welcher die uvula freischwingend sich hin und her
bewegen kann. Bei regelmässig expiriertem Stimmstrom erhält
man so einen regelmässig vibrierenden Zitterlaut (intermittierenden
Stimmton), der um so kräftiger rollt, je freier derselbe von leicht
entstehenden frikativen Beimischungen ist, mit anderen Worten,
je tiefer die Kerbe gebildet, je freier und leichter also das
Zäpfchen hin und her bewegt wird.

Wort- und Sprechtaktanlautendes *r* ist im Normalfranzösisch
kräftig gerollt und jedenfalls mit tieferer Rinnenbildung gesprochen,
also von stimmhafterem Charakter, als der deutsche (bes. mitteldeutsche) Laut, wo er uvular existiert.

Auslautendes *r* nach weichen Verschluss- und Reibelauten
wird stimmlos, so in *couvre, coudre, sabre, tigre;* nach harten,
stimmlos und spirantisch afficiert; so in *fifre, âpre, encre, tertre.*
Vor harter Konsonanz wird *r* zu einer Art stimmloser, mit teil-
weis schwingendem Zäpfchen gebildeter Gutturalspirans, eine

Erscheinung, die wir in gewissen höheren Gesellschaftskreisen, wo uvulares *r* gesprochen wird, als leicht affektierte Gewohnheit auch bei uns beobachten. Vgl. hierzu Hoffory, Kuhn's Zs. 23, p. 531 ff., 537 ff. und bes. Havet, Observations phonétiques d'un professeur aveugle (in den Mém. de la Société de Linguistique II [1875], p. 218—221), wo Havet zu teilweise anderen Resultaten gelangt.

R wird gelängt ($\bar{r}$, „mit Schwächung und Wiederverstärkung": $\ddot{r}$; demnach Gemination?) in Wörtern wie *terreur*, *horreur*, *courrai*, *mourrai*. Vgl. Vietor, Ph. p. 93.

B. *L* wird gebildet, indem man den Mund mässig öffnet, die Lippen, namentlich die Unterlippe, etwas zurückzieht, die Zungenspitze[1]) aus ihrer Ruhelage hebend an die Alveolen anlegt und so die Stimme ertönen lässt. Dabei wird das Gaumensegel an die Rachenwand angedrückt, um den Zugang zum Nasenraum zu schliessen; denn als Regel ist französ. *l* frei von nasaler Färbung, obwohl nicht unmöglich ist, dass in Wörtern wie *branle*, *branlant*, also nach und zwischen Nasalvokalen, ein Bruchteil der Nasalierung auf das *l* übergeführt wird. Ob dies tatsächlich geschieht, bedarf noch näherer Untersuchung.

Da die Mittellinie des Mundes von der Zunge okkupiert ist, so kann der Expirationsstrom von der Glottis aus nicht gradlinig forttönen, sondern muss sich an dem Hemmnis des Zungensaumes brechen und seitlich entweichen. Dabei werden die seitlichen Ränder der Zunge von der inneren Backenwandung abgezogen; mit anderen Worten, die Zunge wird nicht in der ganzen Breite ihrer Indifferenzlage emporgehoben, sondern mässig verschmälert. Geschieht dies nicht, werden also an beiden Seiten ziemlich starke Engen gebildet, durch welche hindurch die expirierte Luft sich drängen muss, so entsteht neben dem Stimmton ein durch die Flatterbewegung der dünnen seitlichen Zungensäume verstärktes, unter gewissen Voraussetzungen sehr vernehmliches Reibegeräusch,

---

[1]) Zu beachten bleibt, dass das französ. *l* alveolar ist und mit Zungenspitze und Alveolen gebildet wird. Süd- und Mitteldeutsche mögen sich deshalb vor Verwechselung dieses Lautes mit dem ihrigen hüten. Das südd. *l* ist dorsal, d. h. wird gebildet mit Zungenblatt (engl. blade) und Oberzähnen.

weshalb auch Hoffory (K.'s Zs. 23, 537 ff.) diese *l*-Varietät als
eine Abart der Fricativae bezeichnet hat. Im Französ. existiert
dieses spirantische *l* nur in Verbindung mit lateraler Explosiva
(worüb. Näheres s. unten bei den lateralen Verschlusslauten).
Die Bildungsweise des *l*, bei welcher die Luft doppelseitig
entweicht, die sog. bilaterale, ist zwar die theoretisch geforderte
und korrekte. Wie wenige jedoch sich an diese Forderung in
praxi kehren, kann man an zahlreichen Individuen täglich be·
obachten. Lässt man sich nämlich von jemand kontinuierlich
ein kräftig artikuliertes *l* vorsprechen und fährt mit einem leicht
beweglichen Federchen dem Sprechenden von einem Mundwinkel
zum andern, so wird man sich deutlich davon überzeugen, wie
dasselbe in der Regel nur bei dem einem Winkel lebhaft
flattert, während es bei dem anderen nur ganz wenig oder gar
nicht bewegt wird. In solchem Falle wird das *l* unilateral, also
mit einseitiger Ausflussöffnung des Atemstromes gebildet. Man
sagt kaum zu viel, wenn man vom Hundert wenigstens neunzig
derjenigen ansetzt, welche sich dieser Bildungsweise bedienen.
Auch im Französ. scheint dieselbe stark verbreitet zu sein;
wenigstens glaube ich dies auf Grund vielfacher Beobachtungen,
die ich mit einer ganzen Reihe Eingeborener anstellte, aussprechen zu dürfen. Es wäre von Interesse zu wissen, ob diese
Tatsache nur traditionelle Gewohnheit vieler Einzelner ist oder ob
sie etwa hervorgeht aus einem Bedürfnis, der Zunge, welche bei
streng bilabialer Artikulation des *l* sich nur mit dem Spitzensaume
anlehnt, also leicht flottieren kann, noch einen seitlichen Stütz-
punkt zu geben.

Oben wurde bemerkt, dass bei normaler Bildung des *l* der
Mund mässig zu öffnen und die Lippen (Unterlippe) etwas zurück-
zuziehen seien. Hierdurch soll jedoch nur die reine (helle) Aussprache des französ. isolierten Lautes erzielt werden. Es ist
einleuchtend, dass die Lippenstellung je nach dem folgenden Vokal
verschieden sein muss. Für Französ. Augen (und Ohren) sind
li- und *lu-* zwei diametrale Gegensätze: bei *li-* werden die Mundwinkel von einander entfernt, die Lippen an die Zähne gelegt
und etwas einwärts gebogen; bei *lu-* hingegen die Mundwinkel
einander stark genähert, wobei die Lippen von den Zähnen ab-
gehoben, vorgestülpt und gerundet werden. Diese Lippen- oder
Mundstellung tritt bereits mit, bei ganz langsamer, sorgfältiger

Sprechweise wohl noch v o r der Bildung de* *l* ein. Das Gleiche gilt auch für das *r*.[1])

Auch französ. *l* ist stimmlos nach harter Konsonanz; sehr deutlich im Auslaut. (*Ballu* bei Havet, Mém. Ling. II, 219. Trautmann, Sprachlaute § 831. Vietor, Ph. § 97.) Vor stimmlosen Konsonanten scheint nur die zweite Hälfte des Lautes stimmlos zu werden. *Cycle. cercle. clan, déplu: alto* (= *a [l+l] to*), *alcóve* (*l=l+l*), *Alpe* u. s. w. In der Vulgär-, wohl auch schon in der gewöhnlichen Umgangssprache verstummt postkonsonantisches *l* am Wortende, wie ebenso entsprechendes *r: quat'(re)*, *filf'(re)*, *cerc'(le)*, wo die Tenuis mit leichtem Hauch (Aspiration) absetzt; *poiv(re), cuiv(re)*, wo die Spirans tonlos oder doch allmählig devokalisiert wird: endlich *tab'(le), seig'(le)*, wo die Media mit stimmlosem off-glide endigt.

Längung des *l* (*l*; wenn nicht Gemination?) scheint in einfachen Wörtern (*illégal, illisible?*) nicht mehr vorzukommen, sondern nur noch in Verbindungen wie *il l'a dit, ville libre, le seul louis qui me reste* u. a., wo —*l-l*— zweigipflichen Nachdruck zu haben scheint.

In Wörtern wie *elle, aller* hat nach Sweet (p. 45) das *l* etwas palatalen Charakter. "In the French 'elle', 'aller', and, generally speaking, in the Continental (*l*) the front (middle) of the tongue is raised towards the palate, which raises the pitch (Tonhöhe) of the (*l*) and gives it something of the character of (*L*) [= *l'*, palatales *l* wie im ital. *gli*, span. *llano*]." Auch das stimmlose *l* in *table, cercle* sei dieses high (half-palatal) (*l*).

—

[1]) Vergl. das oben bei Besprechung des *ɔ*-Lautes über Rundung von *l* und *r* Bemerkte. Wir haben eben im Franzos., wo die Labialisierung eine so aktive Rolle spielt, nicht nur gerundete Vokale, sondern auch gewisse gerundete Konsonanten. Natürlich ist diese konsonantische Rundung lautabhängig, also nicht konstant, sondern je nach der lautlichen Umgebung verschieden.

Zweiter Abschnitt.

Die Geräuschlaute.

Bei näherer Betrachtung dieser Laute ist zunächst eines Unterschiedes in der Bildungsweise derselben zu gedenken, vermöge dessen wir sie in zwei von einander verschiedene Gruppen zu sondern haben. Entweder nämlich werden Mund- und Nasenkanal, also beide Öffnungen des Ansatzrohrs, vollständig verschlossen, die aus den Lungen hervorgetriebene Luft im Hohlraume des Mundes komprimiert und der Verschluss dann plötzlich gesprengt. In diesem Falle entsteht ein mehr oder minder vernehmbares Explosionsgeräusch; die mit demselben behafteten Laute werden Verschluss- oder Explosivlaute, der nur ganz kurzen Dauer des Platzgeräusches halber auch momentane Laute genannt. Oder aber die Sprachorgane bilden nicht einen vollständigen Verschluss, sondern nur eine Enge im Lautrohr dergestalt, dass der hindurchgetriebene Expirationsstrom an den Rändern (Wänden) derselben ein Reibegeräusch verursacht. Alle mit dieser Geräuschart gebildeten Laute nennt man Reibelaute[1]) oder Fricativae, wegen der unbegrenzten Dauer, die man ihnen nach Massgabe des Expirationsvermögens verleihen kann, auch Dauerlaute oder Continuae.

Verschluss- wie Reibelaute können sowohl stimmlos als stimmhaft gebildet werden.

Nach den Artikulationsstellen unterscheidet man — je nachdem diese Laute mit den Lippen (Lippen und Zähnen) und vermittelst der Zunge in Verbindung mit dem Gaumen gebildet werden — Lippenlaute (Labiale: bilabiale und Labiodentale), Vorderzungenlaute (Linguodentale), Zungenrückenlaute (Linguopalatale) und Zungenwurzellaute (Gutturale). Da nun für das Französische der *ach*-Laut wegfällt, *gk* aber

---

[1]) Auch Hauchlaute, Spiranten.

vor Palatalvokalen palatal, vor gutturalen sehr vorgeschoben
guttural, wo nicht an der äussersten Hinterpalatalgrenze gebildet werden, so ergibt sich für die französischen Geräuschlaute diese Einteilung:

1. Verschlusslaute.
   a) Labiale (Bilabiale).
   b) Linguodentale.
   c) Linguopalatale (Vorder- und Hinterlinguopalatale).
2. Reibelaute.
   a) Labiale (Bilabiale, Labiodentale).
   b) Linguodentale.
   c) Linguopalatale.

b) und c) bezeichnet man auch unter dem gemeinsamen Namen
der Palatolingualen.

1. Die Verschlusslaute.

(Tenues und Mediae.)

A. Labiale (Bilabiale): *p. b.*

P b sind im Französ. gleichwie im Deutschen und Gemein-
europäischen bilabiale, also mit beiden Lippen (und nahezu gleichmässig) gebildete Verschlusslaute. Das Artikulationsgefühl liegt
„in einem ziemlich breiten Teil der mittleren Lippen dem innern
Lippenrande zu" (Winteler. Kerenz. Mundart, p. 37). Die
Oberlippe berührt in natürlicher Weise die untere, wodurch
die fehlerhafte, individuell nicht selten vorkommende Bildung mit
vorgeschobener Oberlippenlage vermieden wird. Auch müssen
diese Laute französisch stets als wirkliche Verschlusslaute
gesprochen werden. Beim *p* ist dies selbstverständlich; beim *b*
aber ist der deutsche (mittel- und norddeutsche) Schüler leicht
geneigt, die Aussprachsweise seiner Muttersprache (*b* intervokal =
stimmhaftem oder reduciertem bilabialem Spirant) auf das fremde
Idiom zu übertragen. Allgemein ist hier hinsichtlich der Lippenartikulation wiederum zu bemerken, dass dieselbe im Französ.
sehr entwickelt, jedenfalls energischer ist als z. B. im Mitteldeutschen und Englischen. Der unfranzösische Klang französischer
Laute im Munde von Deutschen und Engländern rührt zu einem
guten Teil von der mehr oder weniger passiven Lippenbeteiligung

ber, welche dieselben beim mündlichen Gebrauch ihrer Muttersprache zu beobachten pflegen. Was Deutschland anbetrifft, so
gilt dies besonders für den centralen Teil desselben, u. a. für
Sachsen und Thüringen. Jeder erfahrene Lehrer des Französ.,
der in mitteldeutschen Schulen unterrichtet, hat täglich Gelegenheit, dies zu bestätigen. Er weiss auch, wie viele Mühe und un-
verdrossene Wachsamkeit es erfordert, jene tief eingewurzelte
Dialekteigentümlichkeit bei seinen Schülern auszurotten.

Über die Bildung des *p* und *b*, namentlich über event. Mitwirkung des Stimmtons und die Intensitätsverhältnisse ist weiter
Folgendes zu bemerken.

a) Französ. *p* ist sog. reine, d. h. nicht gehauchte Tenuis.
Die Lippen werden energisch aufeinander gepresst; durch die
weit geöffnete Stimmritze wird die Luft aus den Lungenkammern
in den völlig verschlossenen Hohlraum des Lautrohrs getrieben
und daselbst komprimiert; sie entweicht dann mit einem deutlich
vernehmbaren Explosionsgeräusch durch den plötzlich geöffneten
Lippenspalt. Hiermit indess ist die Bildung des französ. Lautes
noch ungenügend erklärt. Folgt nämlich auf die Tenuis ein
Vokal (z. B. *a*: *pa*), so wird entweder unmittelbar nach Durchbrechung des Verschlusses die Stimmritze zum Tönen verengt,
dergestalt, dass der Stimmton dem Explosionsgeräusch direkt,
ohne die geringste Pause, nachstürzt; bezeichne ich also die
Explosion beispielsweise mit *p'*, den Vokal mit *a*, so habe ich
$p' + a = p'a$. Oder aber die Stimmritze verengt sich nicht unmittelbar nach Sprengung des Verschlusses, sondern bleibt noch
den Bruchteil eines Moments geöffnet und lässt vor Bildung des
Vokals den (tonlosen) Expirationsstrom ungehindert durch den
Mundkanal hervorstürzen, so dass man hat $p + h + a$, oder —
bezeichnet man den Hauch mit dem Spiritus asper — $p + ' \frac{.}{.} a$,
oder endlich, was auf dasselbe hinauskommt: $p + a + å$ (*å* bedeutet tonloses [geflüstertes] *a*) $= p'a$. Im ersten Falle nennt
man die Tenuis rein (hauchlos, unaspiriert), im andern gehaucht,
aspiriert. Dass diese letztere wirklich in der oben angegebenen
Weise gebildet wird, ist leicht einzusehen, wenn man die drei
Momente der Lautbildung zeitlich merkbar auseinanderhält, also
zwischen Verschluss, Hauch und Vokal leicht unterscheidbare
Pausen macht. Nur der erstere Laut (*p'*: die reine Tenuis) ist
französisch. Derselbe ist auch dem Süddeutschen eigentümlich;

nur ist er dort weniger kräftig artikuliert. Tenuis aspirata, aber schwach gehaucht, kommt französ. nur sekundär und kolloquial vor. (S. oben die Schlussbemerkung zu *l* u. *r*: *quaf'(re)*, *áp'(re)*, *cyc'(le)* u. a.)

b) *B* ist im Französ. stimmhafte Media, d. h. ein unter Mitwirkung des sog. Blählautes gebildeter „weicher" Verschlusslaut. Unter Blählaut verstehen wir denjenigen verschleierten, dumpfen Ton, welcher entsteht, wenn man nach Bildung eines vollständigen Verschlusses von Mund- und Nasenhöhle die Luft durch die zum Tönen verengte Stimmritze in den Hohlraum („Blindsack") des Ansatzrohrs[1]) eintreibt. Offenbar rührt sein Name daher, weil vermittelst dieses eingetriebenen tönenden Luftstroms der hermetisch abgeschlossene Teil des Mundkanals je nach der Verschlussstelle mehr oder weniger aufgebläht wird. Am stärksten beim *b*, am wenigsten beim *g*. Freilich wird auch bei stimmlosen Verschlusslauten Luft in den Blindsack des Mundes getrieben; allein der vor Sprengung des Verschlusses durch die (weitgeöffnete) Glottis getriebene Luftstrom macht dieselbe nicht ertönen, so dass hier von einem Blählaute nicht die Rede sein kann.

Man pflegt zu unterscheiden zwischen einem sog. echten und einem sog. unechten Blählaute. Der echte wird in der oben angegebenen Weise gebildet, also mit einem vollständigen Verschlusse der beiden Ausgänge des Ansatzrohrs; mit andern Worten: das Velum palatinum muss gehoben und fest an die hintere Rachenwand angedrückt werden, um neben dem Mundkanalverschluss auch den des cavum pharyngo-nasale zu bewirken. Geschieht dies nicht, hängt vielmehr das Gaumensegel schlaff herunter, so entweicht die Luft durch die Choanen und erzeugt einen, dem Explosivlaut voraufgehenden, kurz angetönten Nasal, den „unechten Blählaut." Die französischen Mediae (hier zunächst das *b*) werden nur mit der ersteren Art gebildet. Es ist daher unrichtig und zeugt von mangelhaftem phonetischen Verständnis, wenn gesagt und geschrieben worden ist, ja noch gesagt und geschrieben wird, man bilde die französ. *b d g*, indem man dem *b* ein *m*, dem *d* ein *n* und dem *g* ein *y* (*ng*) voraufsumme. Diese

---

[1]) Sweet hat keinen technischen Ausdruck dafür und nennt diesen Blindsack "an air-tight chamber".

m n y (ng) sind eben jene unechten Blählaute. Gleichwohl ist es noch immer besser, die Mediae auf diese Weise zu bilden, als sie stimmlos wie etwa in Süddeutschland zu sprechen, ein Laut, der nach meinen Beobachtungen für das französ. Ohr etwas Fremdartiges hat.

Bildet man beide Blählaute experimenti gratia recht langsam, so kann man sich von der Verschiedenheit derselben bequem überzeugen, eine Verschiedenheit, die rücksichtlich ihrer lautlichen Qualität und ihrer Dauer deutlich hervortritt. Der „unechte Blählaut" ist nichts als ein reiner Nasensonor (*m n y [ng]*) und kann kontinuiert werden, so lange die Expiration dies ermöglicht;[1] der „echte" hingegen ist ein physiologisch nicht näher zu präcisierender Knurrton, der nur so lange andauert, als die abgeschlossene Höhlung des Lautrohrs noch als Resonanzraum dienen, d. h. so lange ihr der tönende Luftstrom durch die Glottis noch zugeführt werden kann. Ist dieser Raum angefüllt, so schliesst sich auch die Stimmritze fest zusammen, und der Blählaut erreicht damit sein Ende. Hieraus ist auch erklärlich, warum bei labialem Verschluss dieser Laut am vollkommensten, bei palatalem (bezw. gutturalem) dagegen am wenigsten vollkommen gebildet wird.

Bezüglich der Artikulationsintensität von *p b* soll noch eine Bemerkung hier Platz finden. Beim *p* werden, wie bereits oben erwähnt, die Lippen kräftig verwendet, weit kräftiger als im Mitteldeutschen. Natürlich findet bei nachlässiger Sprechweise auch nachlässigere Artikulation statt. Auch beim *b* spielen die Lippen eine aktive Rolle, aber vorzugsweise in bezug auf die Beweglichkeit, weniger rücksichtlich der Artikulationsstärke. Man mag die Lippen ziemlich fest aufeinanderschliessen: sobald man den (echten) Blählaut bildet, wird das Aktionsvermögen derselben merklich geschwächt. Physiologisch erklärt sich diese Erscheinung wohl dadurch, dass bei stimmloser Media die expirierte Luft ungehindert durch die weit geöffnete Stimmritze streicht und so den Verschluss kräftig zu lösen geeignet ist, während bei stimmhafter der Strom im Kehlkopf eine Hemmung erfährt und nur das im

---

[1] Es kann also streng genommen von einem Blählaute hier gar nicht gesprochen werden, da bei geöffnetem Nasenkanal ein Aufblähen von Mund- und Rachenhöhle unmöglich ist.

Blindsack des Mundes eingeschlossene Luftquantum den Verschluss öffnet. Übrigens ist doch darauf aufmerksam zu machen, dass in normalfranzös. Aussprache ziemlich kräftig artikulierte *b* vorkommen. So hörte ich im Théâtre français den M. Jourdain (Got) im Bourgeois gentilhomme (III, 3) sagen: „Vous parlez toutes deux comme des *bêtes*" . . ., und später: „Oh! l'étrange chose que d'avoir affaire à des *bêtes*", mit zwar kräftigem Stimmton, aber auch mit deutlich vernehmbarer Plosion. Desgleichen hört man in kolloquialer Rede Worte wie *bâton, bâtard, baron, bavard, bes.* wenn im Affekt gesprochen, mit scharf accentuierter Explosiva. Nimmt man von einem solchen *b* den Stimmton hinweg, so bleibt eine geschwächte Tenuis. Dabei empfindet aber kaum ein Franzose diesen Laut als Media, noch jene kräftig artikulierte Media als Tenuis.

Es darf überhaupt als feststehend gelten, dass im Französ. der Unterschied zwischen Tenuis und Media, zwischen „hartem" und „weichem" Verschlusslaut weniger auf dem sekundären Moment der Artikulationsintensität, als auf der Mitwirkung oder dem Fehlen des Stimmtons beruht, obwohl in der Regel Fortis und Lenis mit den Ausdrücken „stimmlos" und „stimmhaft" zu korrespondieren pflegen. Ähnliches findet auch, wie später zu zeigen ist, bei den Spiranten statt, indem z. B. der Franzose ein schwächer artikuliertes stimmloses *s* noch immer als „hart", ein kräftig gesummtes *z* noch immer als „weich" empfindet.[1]

Auslautendes *b* (wie auch *d, g*) endigen gewöhnlich mit dem Stimmgleitlaut (*b', d', g'*), so dass der Media der stimmhafte Charakter durchaus gewahrt bleibt. Man vergleiche damit die norddeutschen und englischen, bei welchen der End-glide bekanntlich tonlos ist. Mittel- und südd. auslautende werden gar zur Tenuis.

B. Palatolinguale.

a) Vorder-Palatolinguale: *t d.*

Hinsichtlich der Artikulationsstelle von französ. *t d* gilt wesentlich das, was bereits Winteler (Ker. Md. p. 38) für seine

---

[1] Dies sind meine Erfahrungen in der Sache. Vgl. damit, was Vietor, Phon. § 102, p. 139 sagt.

entsprechenden Schweizerlaute ausgeführt hat. Es sei mir deshalb gestattet, den trefflichen Phonetiker hier wörtlich zu citieren. Für (*n*) *dt*, sagt er, lege ich die Zunge an das hintere Zahnfleisch der oberen Schneidezähne so, dass sich die Spitze von der Stelle zwischen Eckzahn und erstem Backenzahn an, an welcher Stelle sie mit ihrem Rande den unteren Rand der oberen Zahnreihe noch berührt, aufwärts biegt, bis ihre Endigung den kleinen Zahnfleischhöker hinter den beiden mittleren Schneidezähnen berührt. Hier liegt für mich das Artikulationsgefühl. Doch berühren sich Zungenoberfläche und Alveolarfortsatz, namentlich bei stärkerem Expirationsdruck (*t*), noch weiter zurück. Überhaupt steht die Zungenoberfläche bei dieser Artikulation vom Gaumen nicht sehr ab und scheint von der Spitze nach hinten gradlinig absteigend, nicht konkav zu sein, wie man nach der dem Auge zugewendeten unteren Fläche erwarten könnte. Die Entfernung dieser Zungenlage von der neutralen (Indifferenz-, Ruhelage) ist also nicht eben bedeutend, und die Zunge nähert sich bei starkem Expirationsdrucke eher einer dorsalen als alveolaren Lage.

Die Artikulationsstelle von *td* scheint im Französ. ein wenig weiter vorwärts zu liegen, als im Nordd. (Hannöv.) und der mir geläufigen mitteldeutschen (saalthüringischen) Mundart. Sweet sagt (Hdb. p. 47), französ. *td* seien dental, "also often interdental". Die letztere Bildungsweise habe ich nie beobachtet. Sicher ist, dass die Stellen, wo die Zungenspitze artikuliert, für die französ. (dental, postdental) und engl. (postalveolar) Laute ziemlich auseinander liegen und dass bei jenen in erster Linie die Spitze, bei diesen das Blatt der Zunge (engl. blade; d. h. der unmittelbar hinter der Spitze gelegene Oberflächenteil) tätig ist. Beim praktischen Unterricht in den beiden Sprachen verdient dieser Umstand besondere Beachtung.

Dass sich, wie Winteler zeigt, Zungenoberfläche und Alveolarfortsatz, namentlich bei starkem Expirationsdruck (*t*), noch weiter zurück berühren, hat seinen Grund offenbar darin, dass beim *t* die Zungenoberfläche durch straffe Aufwärtsspannung ihrer Muskulatur einer ausgedehnteren Stützbasis bedarf, während beim *d*, namentlich bei stimmhafter Media, wegen Bildung des Blählautes jene muskulare Zungenspannung etwas gemildert werden und zudem der tönende Luftstrom durch Eindringen in die verschlossene Mundhöhle die Zunge vom Gaumendache etwas abwärts drücken muss. Dies sieht man deutlich, wenn man das *d* interdental bildet. In dem Masse nämlich als man den Bläblaut hervorbringt, wird die Zungenspitze infolge der sinkenden Bewegung der Zungenwurzel zwischen den Zähnen zurückgezogen.

b) Hinter-Palatolinguale: *k g.*

Wegen der Bildung dieser Laute ist nur zu beachten, dass *g(u)* und *k (cu)* vor palatalen Vokalen gleichfalls palatal (sehr vorgeschoben; mediopalatal), mit Zungenrücken und hartem Gaumen, vor gutturalen aber guttural (gleichfalls sehr vorgeschoben; mehr hinter- oder postpalatal), mit Zungenrücken und vorderem Gaumenbogen artikuliert werden. Cf. Vietor, Zs. f. nfrz. Spr. u. Litt., II, p. 58, u. Phonetik, § 106, A. 1; Sievers[2], p. 98. S. auch Storm, E. Ph. p. 103, A. 2. Trautmann, Sprachl. 806, nennt *g* vor Palatalvokalen einen Mittelgauming und höher im Ton, vor Gutturalvokalen einen Hintergauming und tiefer. Über *k* bemerkt er (l. c. 779), es liege je nach den umgebenden Lauten weiter nach hinten oder vorne. Die Artikulationsstellen von *ki ké kè kä ka kò kó ku* ergäben eine kontinuierlich nach hinten verschobene Reihe. Eine ansprechende Beobachtung. Ist diese Verschiebung aus einem Ausgleichungsbedürfnis verschiedenartiger Artikulationen zu erklären?

Was oben bei den übrigen Verschlusslauten von den Intensitätsverhältnissen in der Artikulation, von dem Verhältnis von Tenuis zu Media, von der Mitwirkung des Stimmtons etc. ausgeführt wurde, gilt auch hier. —

Schliesslich noch eine Bemerkung aus der Kombinationslehre über die Tenuen im allgemeinen. Treten im Französ. zwei stimmlose Explosivae verschiedener Bildungsweise zusammen, so wird der stimmlose Gleitlaut ['] deutlich vernommen: also *ap[']ta, ak[']ta, at[']ka (coptique, acte* etc.), d. h. der zweite Verschluss wird erst gebildet, nachdem der erste geöffnet ist, während z. B. im Engl. die Verschlussstellung der zweiten Explosiva noch während der Dauer der ersten eingenommen, ein Gleitlaut also gar nicht erzeugt wird. Die französ. Bildungsweise ist nicht gemeindeutsch; inwieweit sie etwa landschaftlich oder individuell vorkommt, darüber stehen mir sichere Erfahrungen nicht zu.

C. Abarten von Verschlusslauten.

(Laute kombinatorischer Bildung.)

Unter dieser Rubrik bleiben noch zu betrachten die lateralen Verschlusslaute, die velaren und der faukale.

1. Die lateralen treten als Sprachlaute nie selbständig, isoliert, sondern nur in gewissen Verbindungen auf. Für das Französische kommen in Betracht die dentalen und palatalen Explosiven, denen ein *l* folgt: *atlas, atlantique, athlète, cyclope, éclat* u. a., denn bei Lösung des Verschlusses entweicht hier die Luft in der Regel nicht, wie sonst regelmässig, in der Mittellinie des Mundes, sondern seitlich, lateral, woher der Name. Wo individuell oder mundartlich unilaterale *l* gebildet werden, erscheint auch die Explosiva gewöhnlich als unilateral, lateral aber jedenfalls. Bemerkenswert ist noch, dass nach stimmlosen Explosiven die Liquida gleichfalls stimmlos (ganz oder teilweise?) und durch den mit Energie aus den engen Seitenöffnungen hervordringenden Luftstrom spirantisch afficiert wird (s. oben bei den Liquiden). Der specifische Klang der lateralen Verschlusslaute richtet sich natürlich nach der jeweiligen Stellung des Zungenkörpers, worüber zu handeln hier nicht der Ort ist.

2. Auch die velaren Verschlusslaute sind nur Erzeugnisse gewisser Lautverbindungen und können, als Sprachlaute wenigstens, nicht selbständig auftreten. Velar heissen sie deshalb, weil sie mit Hilfe des Velum *(palati)*, des Gaumensegels oder der Gaumenklappe gebildet werden. Wird ein Verschluss gesprengt und dabei der Mund nach vorn geschlossen gehalten, so kann die komprimierte Luft nur vermittelst Abhebung des Gaumensegels von der Rachenwand durch die Nasenhöhlen entweichen. Dies kommt darauf hinaus zu sagen: Velare Explosiven sind nur möglich in der Verbindung: Verschlusslaut + Nasal. Beispiele: *Etna, Abner, agnat, acné, atmosphère, pygmée* u. a.

Wegen der Stimmlosigkeit eines auf *p, t, k* folgenden Nasals s. oben bei den Nasalen.

3. Der faukale oder Kehlkopfverschlusslaut fällt zusammen mit dem sog. festen Einsatz bei Vokalen (Sweet: glottal catch, glottal stop). „Die Stimmritze ist in allen ihren Teilen fest geschlossen, so dass die Stimme erst dann ertönen

kann, wenn dieser Verschluss durch einen besonderen Impuls durchbrochen ist. Hier geht dem eigentlichen Vokallaut ein eigentümliches Knacken vorauf, das man namentlich beim Flüstern leicht beobachten kann. Schon Rapp machte darauf aufmerksam, dass man dasselbe als Explosivlaut des Kehlkopfes betrachten könne." (Sievers², p. 110.)

Wie die beiden vorhergehenden, existiert auch dieser nicht als selbständiger Sprachlaut¹), sondern nur als integrierender Bestandteil einer gewissen vokalischen (seltener konsonantischen) Artikulation. Im Französ. kommt derselbe nur vor in nach vorn isolierten Wörtern, die mit einem Vokal oder *h* anlauten, gleichviel ob mit stummem oder sog. aspiriertem. Der Unterschied zwischen französ. *h* und ʿ*h* ist bekanntlich ein grammatischer, nicht ein lautlicher. Ob ich sage *habit* oder ʿ*honte*, *hôtel* oder ʿ*hêtre* — für die Aussprache des *h* ist dies völlig gleichgiltig: beide Male wird die Existenz derselben ignoriert und erst beim folgenden Vokal die Stimme eingesetzt. Die an den Stimmbändern hervorgebrachte Kehlkopfspirans kennt das Neufranzös. nicht mehr.

Der Stimmbänderverschlusslaut schwindet im Zusammenhang der Rede, selbst bei anlautendem Vokal oder *h*, namentlich wenn *h* vor betontem und nach unbetontem Vokalzeichen steht. So spricht man *lə ōz (le onze), ün otör (une hauteur), la ōt (la honte)*, nicht *lə ōz* etc. (ʾ bedeutet den „festen Einsatz"). Der Übergang ist hier kontinuierlich; die Stimme setzt bei dem vorhergehenden Worte nicht ab, um bei dem folgenden wieder fest einzusetzen.

Man sieht, diesem sog. faukalen Verschlusslaut wird hier nur ein ganz beschränktes Geltungsgebiet eingeräumt. Aber auch dieses sprechen ihm mehrere Phonetiker ab. So nehmen Sweet, Sievers und Vietor (Phon. § 30 u. a.) für das Französ. durchgängig den leisen Vokaleinsatz an. Ich kann nur bemerken, dass in nach vorn isolierten, im Affekt oder sonst energisch gesprochenen Wörtern ich ziemlich sicher den festen Einsatz gehört zu haben glaube.

Über französ. *h* vgl. die interessanten Ausführungen Storm's, p. 53 ff., und Trautmann's, Angl. I, 592—598; Sprachl. 825—826.

---

¹) Ausserhalb sprachlicher Verwendung erscheint der potenzierte Kehlkopfschlaglaut zuweilen selbständig, z. B. als gewöhnlicher Husten.

D. Schlussbemerkung zu den Explosiven.

Das Resultat der Erörterungen in $A - C$, kurz zusammengefasst, ist dies:

1) *p t k* sind hauchlose Tenues. Das Französ. kennt keine *tenues aspiratae.*

2) *b d g* sind stimmhafte Mediae, stimmhaft im An-, In- und Auslaut. Sog. stimmlose Mediae (wie im Schweiz. und Südd.; die Lenes Winteler's) hat das Französ. nicht.

3) Der wesentliche Unterschied zwischen Tenuis und Media beruht für den Franzosen auf der Mitwirkung oder dem Unterbleib des Stimmtons. Der Unterschied in der Artikulationsintensität ist nur sekundär, obwohl in der Regel die Tenuis entschieden kräftig artikuliert wird. —

4) Lateral-, Velar- und Faukalschlusslaute sind kombinatorischer (sekundärer) Bildung und treten als selbständige Sprachlaute nicht auf. Auf diese findet demnach das Obige nur beschränkt Anwendung, und ihre lautlichen Eigentümlichkeiten ergeben sich vorzugsweise aus ihrer Lautabhängigkeit. —

Der phonetisch gebildete Lehrer wird es sich gern angelegen sein lassen, derartige Resultate in der Schule zu verwerten, soweit sie verwertbar sind. Meine Praxis ist diese: ich trage der Klasse, mit welcher der französische Unterricht neu begonnen wird, in ein oder mehreren Stunden die Hauptlehren der Phonetik und zwar in tunlichst einfacher, von verwirrenden Fachausdrücken freien Sprache vor. Hierauf werden sogleich Übungen in der Bildung der fremden Laute vorgenommen. Es ist gut, den Schülern einzuprägen, von den Lauten ihrer heimatlichen Mundart zunächst abzusehen und sich lediglich der mündlichen Führung der Lehrers anzuvertrauen. Was die Verschlusslaute angeht, so schreibe ich Reihen wie etwa diese an die Tafel:

$$ba — ba$$
$$ba — pa$$
$$pa — ba$$
$$pa — pa,$$

oder auch dreifach permutierte oder kontinuierliche, um teils den Stimmton der Medien zu üben, teils die kräftige Artikulation der Tenuen und das periodische Ein- und Absetzen der Stimme zu veranschaulichen. Die gleichen Reihen für die übrigen Verschlusslaute. Ist die Schülerzahl nicht allzugross, so werden die Reihen am besten von jedem Einzelnen nachgesprochen und zwar so lange, so langsam und vernehmlich, bis eine befriedigende Leistung erfolgt. Dann übt die Klasse in choro. Derartige Übungen sind freilich mühsam; wird aber gleich von vornherein ein guter Grund gelegt, lässt sich der Lehrer durch etwaige kleine Misserfolge nicht entmutigen, sondern beharrt bei konsequenter Durchführung des gesunden Princips, so bleibt der Lohn für die Folgezeit sicherlich nicht aus. Wird z. B. ein litteld. Schüler (Thüringer, Sachse) von Anfang an strikt an die kräftige Bildung von französ. *p t k* gewöhnt, so wird er bei der Lektüre eines solchen an das farblose Mittelding, wie er es in seiner heimatlichen Mundart zu sprechen pflegt, am Ende gar nicht mehr denken. Ebenso wird der norddeutsche Schüler jedesmal, wenn ihm statt des französ. Lautes die tenuis aspirata seiner Heimat entschlüpft, sich eines Ausspracheverstosses bewusst sein. Hier kommt eine psychologische Hilfe zu statten. Der Schüler verbindet mit dem fremdsprachlichen Lautzeichen ein ganz specifisches Klangbild, und nur dieses. Durch Vermittelung des sachkundigen und energischen Lehrers hat er die fremden Laute — um einen Ausdruck Herbart'scher Psychologie zu gebrauchen — in ihrer nationalen Eigenart appercipiert, sie sich geistig angeeignet, die *p t k* als hauchlose Tenues, die *b d g* als tönende Mediae u. s. w., reproduciert sie also, wenn immer er sie braucht, nur als solche, nicht in der provinziellen Färbung seines heimatlichen Idioms. Dies ist eine beachtenswerte Tatsache. Freilich ist das Sprechorgan mancher Individuen ein renitentes Ding, und mit den Bemühungen des Lehrers geht der Erfolg nicht immer gleichen Schritt. Aber da heisst es fest bleiben und neben der sachkundigen Unterweisung üben und wieder üben; denn auch hier ist repetitio mater studiorum. —

Wir wenden uns jetzt zur Darstellung der Reibelaute.

2. Die Reibelaute.

A. Bilabiale: *v̯*, *w̯*; *v̯̈*, *ü̯*.

Diese Laute kommen im Französ. nicht als selbständige vor, sondern nur in gewissen Verbindungen. *w̯* wird gebildet mit der *u*-, *ü̯* mit der *ü*-Stellung, doch erscheint bei beiden die Vorstülpung der Lippen gemässigt und die Ausflussöffnung etwas kontrahiert. Beide Laute erscheinen nur als Spiranten in unsilbiger Funktion nach Stimmlosen. Beispiele: *puis, tuile, cuivre, toi, quoi. touaille.* Nach Stimmlauten, namentlich nach stimmhaften Spiranten und Explosiven, erscheinen sie stimmhaft (*w, ü*). So in *buis, enduire, aiguille, juif, jésuite, casuel, avoué, réjoui* u. a.

Uebrigens ist das Reibegeräusch, namentlich bei *w* und *ü*, nur schwach, deutlicher bei den entsprechenden stimmlosen.

B. Labiodentale: *f, v.*

Französ. *f* wird, wie im Gemeindeutschen, zahnlippig, labiodental gebildet: nur artikulieren wiederum die bei der Bildung beteiligten Organe, hier namentlich die Lippen, straffer als bei uns, eine Bemerkung, die für alle französ. Spiranten gilt. *F* bilde ich, indem ich die Scheitellinie der Unterlippe an die Schärfe der oberen Schneidezähne dergestalt anlege, dass als Ausflussöffnung nur eine etwa linsenförmige Öffnung bleibt: die Enge, durch welche das specifische *f*-Geräusch erzeugt wird. Bei kräftiger Artikulation des Lautes biegen sich die Lippen etwas einwärts und die beiden Seitenränder derselben schliessen sich dicht aneinander.

Wird die *f*-Stellung des Mundes im wesentlichen beibehalten und tritt der Stimmton hinzu, so entsteht französ. *v*. Die Mundstellung wird jedoch insofern etwas modificiert, als die zur deutlichen Bildung des *f* erforderliche straffere Spannung der Lippen beim *v* gemildert[1]) wird, wodurch sich die linsenförmige Öffnung des Mundes, die Reibungsenge also mässig erweitert und das scharfe *f*-Geräusch teilweise reduciert. Nichtsdestoweniger bleibt französ. *v* ein deutlicher Reibelaut, und hierdurch unterscheidet es sich wesentlich von dem *w*, welches in einem grossen Teile Mittel- und — irre ich nicht — in ganz Süddeutschland allein gesprochen wird. Beide differieren in der Artikulation wie im lautlichen Charakter: jenes ist zahnlippig, dieses doppellippig; jenes ist ein kräftiger Reibelaut (obwohl ein stimmhafter), dieses wohl mehr ein Stimmlaut mit nur schwacher frikativer Beimischung. Dieses *w* macht auf Fremde einen ganz eignen Ein-

---

[1]) Wiederum natürliche Folge der Hemmung, welche der Expirationsstrom im Kehlkopf erfährt.

druck, was ich von Franzosen und Engländern zur Genüge weiss. Auf jenen Unterschied ist also in mittel- und südd. Schulen besonders zu achten.

Gewöhnlich wird in Schulbüchern, aber auch in phonetischen Kompendien französ. v mit dem entsprechenden engl. und nordd. Laute schlechthin identificiert. Dies bedarf jedoch der Berichtigung. Allerdings werden engl. nordd. *v (w)* labiodental gebildet, wie das französ.; allein bei diesem ist das Reibegeräusch merklich intensiver als bei jenen, abgesehen davon, dass engl. nordd. *v*, wenn auslautend, gegen das Ende devokalisirt werden, was bei dem französ. nicht der Fall ist; denn französ. stimmhafte Spiranten sind in der Regel stimmhaft durchaus, wie die Medien dieser Sprache.

Wenn oben gesagt wurde, dass französ. *f v* labiodental gebildet werde, so ist damit nicht gemeint, dass Oberzähne und Unterlippe allein an der Artikulation teilnehmen. Vielmehr steht fest, dass zugleich auch die Oberlippe, obwohl nur leicht, vom Expirationsstrom angeblasen wird, also an der Artikulation des Lautes beteiligt ist. Hiervon kann man sich, wie schon Sievers bemerkt, leicht überzeugen, indem man bei der Bildung eines *fv* die Oberlippe von den Zähnen nach oben abhebt. Man erhält zwar auch so ein Reibegeräusch, aber ein von dem des Normal-*fv* verschiedenes.

Was die praktische Frage der Einübung des fremden Lautes (*v*) in der Schule angeht, so empfiehlt es sich, die Bildung desselben denjenigen Schülern vollkommen deutlich zu machen, welche ihn nicht kennen. Hierauf schreibt man einfache Spirantengruppen, wie

$$fa — fa$$
$$fa — va$$
$$va — fa$$
$$va — va,$$

oder dreifach permutierte oder ganze Reihen an die Tafel und verfährt im übrigen wie oben ausgeführt (s. die Verschlusslaute). Besonders nützlich hat sich erwiesen, deutlich artikulierte Reihen wie *fafafafafa, vavavavava* etc. langsam mit den Schülern durchzuüben und sie über Dauer und Wechseleinsatz des Stimmtons sorgfältig aufzuklären. Drei-, vier-, zehnmal gründlich geübt — und für die ganze Folgezeit erspart man sich die sonst hartnäckig wiederkehrenden, lästigen Berichtigungen.

In gewissen Lautverbindungen scheint die französ. Labiodental-
spirans stimmlos vorzukommen. Spricht man im Fluss der Rede
ein Wort wie z. B. *enchevêtrer* aus. so nehmen nach dem *š* (*ch*)
die Lippen allerdings die *r*-Stellung ein, der Stimmton scheint
jedoch beim folgenden Vokal (*ê*) erst wieder einzusetzen, so dass
das *v* wie eine Art erweitertes *f*, jedenfalls entweder ganz oder
doch in seinem ersten Teile stimmlos gesprochen wird. Der an
sich stimmhafte Laut wird so dem voraufgehenden Geräuschlaut
akustisch angeglichen. eine Erscheinung. die besonders im Französ.
häufig auftritt.

'Wie nach *š* (*ch*), so müsste folgerichtig auch ein auf *s* folgendes
v den Stimmton ganz oder teilweise einbüssen, Wörter wie *svelte*,
Svédenborg. *Sviatopolk* also *svelte* etc. gesprochen werden. Doch
ist mir noch zweifelhaft, ob dies wirklich geschieht. Der *s*-Laut
scheint infolge seiner geringeren Schallfülle weniger geeignet,
das darauffolgende *v* akustisch in dem Masse zu assimilieren, wie
der geräuschvollere *š*-Laut. Die ganze Frage ist nicht leicht zu
beantworten. da bei rapider Aussprache gerade in derartigen
Verbindungen der akustische Charakter des *v*-Lautes sich so
schwierig fixieren lässt. Spricht man aber die Gruppe langsam,
also in zeitlich fixierbaren Absätzen aus, so erscheint das *v* tönend,
weil dem Kehlkopfe infolge der Pause Musse genug bleibt, nach
der Muta tönend einzusetzen.

Auslautendes *v* in *cave*. *rive*. *saure* ist nicht nur in der ernsten
Bühnensprache, sondern auch im sorgfältigen Kolloquialfranzös.
stimmhaft bis zum Ende. Dagegen wird es in nachlässiger Rede
gewöhnlich und in der Vulgärsprache immer mit stimmlosem
End-glide. wenn nicht ganz stimmlos gebildet, in welchem Falle
v zu einer Art *f*-Lenis wird. So: *elle est très vive; v = ϕ*
oder reduciertem *f*. Wort- und Taktinlautend ist natürlich auch
vulgäres *v* stimmhaft durchaus. *Elle est vive et courageuse;* die
v von *vive = v*.

Sogar Normal-*f* wird inlautend stimmhaft! *Neuf ans: f = v.*

C. **Palatolinguale:** *š z, š ž, j j* (Zisch- und *j*-Laute).

1. **Vorderpalatale** (Linguodentale): *s z*. Die Stellung,
welche die Artikulationsorgane bei Bildung eines *t* einnehmen,
ist oben bei den Verschlusslauten erörtert worden. Löse ich

diesen t-Verschluss auf, und zwar so, dass die Zungenspitze sich nur wenig von den Oberzähnen und deren Alveolarfortsatz abhebt, so entsteht eine Reibungsenge und ein scharfer Zischlaut, der dem französ. s am Anfang der Wörter wie in *sel, soldat* entspricht. Dies ist das tonlose. Das tönende (z) wird gebildet durch Hinzufügung des Stimmtons. Z verhält sich demnach zu s, wie v zu f. Wegen der Hemmung, welche der Expirationsstrom im Kehlkopf erfährt, wird die Artikulationsenergie von z, wie bei v, den stimmhaften Medien und unten bei $\check{z}$, etwas reduciert. Nach Sievers bildet bei Erzeugung der s z-Laute die Zunge in ihrer Mittellinie wahrscheinlich eine schmale, mehr oder weniger tiefe Rinne (Kerbe), durch welche der Luftstrom gegen die obere Zahnreihe oder die Alveolen geblasen wird.

Beim französ. s liegt die Zungenspitze noch hinter den Unterzähnen. Die Enge liegt zwischen dem Zungenblatt und der Hinterwand der Oberzähne, gegen welche die Zunge straff artikuliert. Französ. s z sind von den engl. akustisch insofern verschieden, als jene einen helleren, gleichsam schneidigeren Eindruck machen, was einerseits von der Straffheit der artikulierenden Faktoren (alle französ. Konsonanten sind, im Gegensatz zu den englischen, eng), andrerseits davon herrühren mag, dass beim französ. s die Oberlippe sich etwas hebt, wodurch die ausgestossene Luft sich zugleich an den Interstitien der Oberzähne reibt, so dass das specifische s-Geräusch wesentlich intensiver wird. In der Artikulationsstelle differieren französ. und engl. s insofern, als jenes weiter vorgeschoben ist.

Von anlautendem nordd. stimmh. s unterscheidet sich das französ. dadurch, dass bei diesem der Stimmton simultan mit dem Beginn der konsonantischen Artikulation einsetzt, was bei jenem nicht der Fall ist. "*To an English ear it* (nordd. stimmh. s) *sounds like* (sz)". Sweet, p. 80. — Auch auslautend ist franz. z stimmhaft bis zum Ende, wird also nicht teilweise oder ganz devokalisiert, wie im engl. *gaze* ($z=z+z$), *bills, hands*.

2. Vorderpalatale: $\check{s}$ $\check{z}$. Eine genaue physiologische Analyse dieser Laute ist schwierig, weil hier die Bewegungen des Zungenkörpers noch weniger scharf als bei den s-Lauten kontroliert werden können. Für französ. $\check{s}$ $\check{z}$ steht zunächst fest, dass die Lippen in anderer Weise funktionieren als bei den s-Lauten. Sie schieben sich

nämlich nach vorn, stülpen sich nach aussen etwas auf und bilden eine nahezu ellipsenförmige Öffnung. Aber auch die Zunge artikuliert anders, denn sie liegt nicht wie bei *s* hinter den Unterzähnen, also kaum merklich höher als in der Indifferenzlage, sondern wird entschieden gehoben, etwas zurückgezogen und massig verbreitert. Endlich scheint es auch, dass die Mittelpartie der Zunge sich energisch nach aufwärts gegen das Gaumendach wölbt, die Zungenspitze dagegen sich nach abwärts senkt. Zu dieser Beobachtung stimmt auch die Zeichnung, welche sich in Merkel's Physiologie der menschlichen Sprache (Taf. IV., Fig. 34) von der Bildung des *š*-Lautes findet. Die exakte physiologische Erklärung dieses eigentümlich „zusammengesetzten" (Storm) Zischgeräusches dürfte noch immer Gegenstand phonetischer Erörterungen bleiben. Als feststehend ist jedenfalls zu betrachten, dass die Reibungsenge des *š* nicht unbeträchtlich weiter ist als die des *s*.

Bemerkenswert ist die Ansicht Sievers' über diese schwierigen Laute. „Das Wesentlichste", sagt er, „ist vielleicht bei allen *š*-Artikulationen die Bildung eines grösseren kesselförmigen Raumes im Vordermunde, in welchen der Expirationsstrom hineingetrieben wird. Wenigstens scheinen mir die *š* sich von den entsprechenden Species der *s* stets durch eine dumpfere Kesselresonanz zu unterscheiden; die Lippenartikulation hilft diese Kesselbildung nur vervollständigen und modificieren." (Phon.² p. 103). Dazu Vietor, Phon. § 81: „Das charakteristische „Zischen" scheint auf der Brechung des Atemstroms an den Zähnen zu beruhen, welcher bei *š* ein breiter , bei *s* ein feiner (auf einen Strahl konzentrierter) ist." Derselben Ansicht scheint Michaelis (bei Vietor l. c.) zu sein. Brücke hält den Laut für einen zusammengesetzten Konsonanten, da die Mundteile gleichzeitig für zwei verschiedene Laute eingerichtet seien, wogegen vergl. Sievers, l. c. p. 103, und Hoffory, Kuhn's Zs. Bd. 33. Man sieht, die Ansichten der Phonetiker differieren.

Das französ. *š* ist wesentlich der mittel- und süddeutsche, aber mit strafferer Anspannung artikulierte Laut („eng"). Er ist wenig vorgeschobener als der entsprechende norddeutsche und besonders englische und höher im Ton als dieser. (Vgl. das oben über *s* Gesagte.)

Der stimmhafte Korrespondent des *s* ist *z*, das sogenannte weiche *j* (=*y* vor gelauteten oder geschriebenen Palatalvokalen) in französ. *jardin, joli, jujube, giron, gerbe: geôlier, gageure.* Auch hier Hemmung des Expirationsstroms im Kehlkopf und deshalb leichte Herabminderung des Zischgeräusches, weil der Artikulationsenergie. Mittel- und Süddeutsche haben bei der Erlernung gerade dieses Lautes oft Schwierigkeit, da sie anfangs den Stimmton mit der specifischen *s*-Artikulation des Mundes nicht zu verbinden vermögen.

Devokalisiertes *z* (*z̥*) kommt in gebildeter kolloquialer Rede sehr gewöhnlich vor, besonders vor Stimmlosen, und schwachstufig nach toniger Silbe. So z. B. *c'est tout ce que je puis faire* = *tüskɔz̥püi: que coulez vous que je fasse. je* = *z*, u. a. Zu bemerken ist aber, dass in solchen Fällen *z̥* nicht gleich *s* ist, sondern sich wie Lenis zur Fortis verhält, also schwächer als *s* artikuliert wird.

Zum Ganzen der Zischlaute vgl. besonders Michaelis, Über die Physiol. und Orthogr. der *s*-Laute, Berlin 1863; in neuer Aufl.: Über die Phys. u. Orth. der Zischlaute (1883). und Vietor, Phon. § 81—87. —

Was oben über die praktische Einübung der Verschlusslaute und der übrigen Spiranten in der Schule bemerkt wurde, gilt auch hier. Zusätzlich soll noch einer einfachen Hilfe Erwähnung geschehen, deren man sich erfolgreich bedient, wenn es sich darum handelt, den Unterschied zwischen stimmlosen und stimmhaften Lauten zu veranschaulichen. Die Mehrzahl der mittel- und süddeutschen Schüler nämlich hat, besonders wenn sie neu an den fremdsprachlichen Unterricht herantreten, von diesem Unterschiede keine Ahnung. Für diese gibt es ein Radikalmittel. Man lasse sie einen oder mehrere Finger an die Kehlkopfgegend legen; dann lasse man etwa *s*, aber kräftig artikuliert, aussprechen. Ausser der Berührung — keinerlei Empfindung in der Hand! Nun aber gehe man rasch zu *z* über: sogleich wird sich die Resonanz des Stimmtons dem Tastgefühl mitteilen. Dieses Mittel findet sich bereits angegeben bei Sweet, Handbook p. 4: "If the student presses his two first fingers firmly (schon eine leise Berührung genügt) on the glottis, he will *distinctly feel a vibration* in the case of (*v*), but not of (*f*). There is the same distinction between

(s) and z, (*th*) as in 'thin', and (*dh*) as in 'then'." Ein anderes wirksames Demonstrationsmittel besteht darin, dass man die Innenfläche der Hand auf den Scheitel legen und nun nacheinander die Differenzlaute oder -gruppen üben lässt. Der Schädel dient als Resonanzboden, dessen tönende Schwingungen sich der Hand kräftig mitteilen. Das erfahrungsmässig Wirksamste aber ist, die Innenfläche beider Hände platt auf die Ohren zu drücken. Spricht man dann einen Spiranten stimmhaft, so ist die Resonanzwirkung des Stimmtons so drastisch überzeugend, dass selbst die hartohrigsten Schüler kuriert werden. Der Schüler erwirbt so eine beachtenswerte Sicherheit in der Handhabung der fremden Laute; denn er ahmt dieselben nicht tappend nach, sondern bildet sie bewusst.

Jene Fähigkeit zu bewusster Reproduktion kann aber nur vom Lehrer erzeugt und kräftig ausgebildet werden. Planmässig müssen wir den Schüler unterweisen, damit er planmässig lerne. Nur auf diesem Wege ist es möglich, das weitverzweigte und bei weitem noch nicht ausgerottete Ausspracheübel an der Wurzel zu fassen. Mit Recht hat bereits vor Jahren Moritz Trautmann (in seiner verdienstlichen Abhandlung, Anglia I) scharf betont, es sei in hohem Grade wünschenswert, dass man sich in Zukunft einer mehr bewussten und planmässigen als tappenden Methode bediene; denn die Aussprache des Englischen und Französischen, welche bis jetzt in der grossen Mehrzahl unserer Schulen gehört werde, sei grauenvoll. Ein hartes Wort — leider noch immer ein wahres, wenn auch dank dem Interesse, welches sich neuerdings den phonetischen Studien zuwendet, in den letzten Jahren manches besser geworden ist. Aufgabe der phonetischen Wissenschaft ist es, solche Missstände schonungslos aufzudecken und Mittel und Wege zu deren Beseitigung an die Hand zu geben; unsere, der Lehrenden Aufgabe, uns dieser Mittel zu bedienen und die Ergebnisse lautlicher Forschung praktisch in einer, das sprachliche Verständnis des Schülers wirksam fördernden Weise zu verwerten. Dann hat auch die alte „tappende" Aussprachmeisterei glücklich abgewirtschaftet. Wissenschaft und Praxis müssen sich auch hier vereinen zum festen Bunde, und jener ist vor dieser der Vortritt zu gestatten; denn auch hier gilt das schöne Wort des eminenten deutschen Imkers (v. Berlepsch): „Zuerst lernet Theorie, sonst bleibt Ihr praktische Stümper Euer Leben lang"! —

3. **Mediopalatale:** *j* *j̇* (der „*ich*"-Laut und sein stimmhafter Korrespondent).

Etwas Ähnliches wie der deutsche *ich*-Laut, aber mehr vorgeschoben, existiert auch im Französischen, obwohl kaum als selbständiger Laut. Es ist der Vokal *i*, welcher je nach dem voraufgehenden Laut zu einer in ihrem Reibegeräusch etwas reducierten stimmlosen oder stimmhaften Palatalspirans wird. Als *j̇* (stimmlos) erscheint unbetontes (unsilbiges) *i* nach stimmlosen Verschluss- und Reibelauten, also nach Mutis: *pion, cion, chien, amitié, kiosque, se fier*, gesprochen *pjō̇, sjō̇* etc. Auch hier, wie oben bei den Liquiden, verliert der Stimmlaut unter dem Einfluss der voraufgehenden Muta und der Accentlosigkeit seinen eigentlichen Charakter und wird stimmlos und spirantisch; mit andern Worten: der Sonorlaut wird der Muta akustisch angeglichen. Selbst in toniger Silbe kommt *i* nach Stimmlosen als *j̇* vor. So oft in *sympathie, épi, marquis* (Endungen= -*tj̇', -pj̇', -kj̇'*). Vgl. damit auch das *u* in *reçu* u. a. Wörtern, das oft ganz ähnlich behandelt wird.

Auch beim Flüstern erscheint ganz gewöhnlich *j̇* für *i*. S. darüber Kräuter, Stimmlose antepalatale und mediopalatale Reibelaute im Neufranzös. in Zs. f. nfrz. Spr. u. Litt., II, p. 23 ff.

Als *j* erscheint unbetontes *i* nach stimmhaften Verschluss- und Reibelauten: *bien, Didier, figuier, Novion(-Porcien), gosier, chirurgien*, wo überall *i = j*. Hier kann also, wie auch oben von einem Diphthong (*i* + Vokal, oral oder nasal) nicht mehr die Rede sein. Ob auch nach Nasalen und Liquiden (*lien, rien, mien, ânier*) dasselbe Verhältnis stattfindet, ist mir noch zweifelhaft. Es hat jedoch den Anschein, als ob auch in diesem Falle *i̯* seine vokalische Qualität nicht ganz rein bewahrt, sondern spirantisch afficiert wird. (Vergl. dazu das oben bei den Diphthongen über *i̯* + Vokal Gesagte.) Nimmt man diesen Punkt als noch nicht feststehend von der Regel einstweilen aus, so ergibt sich dieses Gesetz: **Im Französ. wird unbetontes *i̯* nach stimmlosen Verschluss- und Reibelauten zu einer (schwachgeräuschigen) stimmlosen, nach stimmhaften zu einer stimmhaften Palatalspirans.**

Die Artikulation des Lautes ist mittelgaumig, wenn nicht vorgeschobener, besonders nach *p* und *t, s*.

Relativ selbständig tritt diese Spirans auf in Wörtern wie *briller*, *faillir*, *fille:* der *son mouillé*, obschon manche das Reibegeräusch nicht gelten lassen wollen [1]), sondern nur von einem unsilbigen Vokal reden. Auslautend ist der End-glide häufig stimmlos: *fij[ʃ]*, da auch hier, wie oben bei palatalem *ń*, die Stimmritze sich in dem Augenblicke öffnet, wo die Zunge von der konsonantischen Stellung zurückgezogen werden soll. Jener tonlose scheinbare Anhängsel macht auf uns den Eindruck eines ganz flüchtigen unbetonten französ. *ə* (devokalisiert). Intervokal ist, wegen forttönender Stimme, die Spirans durchgehends stimmhaft; demnach unterscheiden sich Wörter wie *briller*, *brille*, *tailler*, *taille* u. a. hinsichtlich ihres *son mouillé* nur durch die Verschiedenheit des Gleitlautes der Spirans.

Den Stimmton verliert der Laut in schwach- oder vortoniger Silbe vor Stimmlosen: *feuilleter* = *föjte'*. Vgl. Ballu bei L. Havet, Mém. Ling. III, 219, und Trautmann, Sprachl. 839.

Hervorgegangen ist diese Spirans aus älterem mouilliertem oder jotiertem *l'*. Im Laufe der Zeit löste sich die specifische *l*-Artikulation ab, verschwand und liess als Vertreter des mouillierten Lautes einzig *j* zurück. In Frankreich bedienen sich jetzt hoch und niedrig desselben ganz ausschliesslich, und von einem *l* ist keine Spur mehr zu hören. Die alte Aussprachsweise findet sich, bin ich recht unterrichtet, nur noch im provinziellen Schweizerfranzösisch. Ob ein Prediger in der Wüste, der Franzose Maigne (Traité de pron. Paris 1868, p. 25), sich gegen die heutige Aussprache des *son mouillé* so sehr ereifert, dass er sie als "*prononciation énervée, reste d'une affection justement repoussée*" (?) hinstellt, kann uns unbekümmert lassen. Unsere Aufgabe ist, den mustergiltigen Sprachgebrauch des „Standard French" zu konstatieren, mag er sein wie er will. Bekanntlich ereiferte sich seinerzeit selbst der einflussreiche Littré über den Eindringling und suchte — natürlich erfolglos — das Alte wieder zu Ehren zu bringen. Es ist unnütz, sich über solche Dinge zu erregen. Die geschichtliche Entwickelung einer Sprache hemmen oder gar sie nötigen wollen, eine retrograde Bewegung

---

[1]) Es sei hier wiederholt, dass auch ich oben nur von einer in ihrem Reibegeräusch gemilderten Spirans spreche, an dieser Bestimmung des Lautes aber festhalte.

zu machen, ist ein eitel Bemühn. Hier gilt es, dem tyrannischen Gebrauch sich willig fügen. Bei dem Mächtigeren steht das Recht. Usus — jus et norma loquendi! —

Unsere Untersuchungen über den franzöz. Konsonantismus haben folgende Laute ergeben:

Tabelle der französischen Konsonanten.

	Verschlusslaute.		Reibelaute.		Nasale.		Liquidae.	
	Stimmlose	Stimmhafte	Stimmlose	Stimmhafte	Stimmlose	Stimmhafte	Stimmlose	Stimmhafte
Lippenlaute.	p	b			m			
Zahnlippige.			f	v				
Zungenspitzenlaute.	t	d				n		$l(r^1)$
Zungensaumlaute.			s	z				
Vordere Zungenrückenlaute.			$\int$	j		$\tilde{n}$		
Hintere Zungenrückenlaute.	k	g						
Zungenwurzellaute.								r^2

Anmerkung. Mit Ausnahme von j (j), das nur teilweise selbständig erscheint, sind Konsonanten sekundärer Bildung oder sekundärer Stimmlosigkeit hier nicht mit aufgeführt.

Als charakteristische Merkmale der franzöz. Konsonanten fanden wir deren energische, saubere Artikulation (s. oben das Schlusswort über die oralen Vokale) und deren offenbar damit in Verbindung stehende ausgeprägte Stimmhaftig-, bezw. Stimmlosigkeit. Bemerkenswert ist auch die Neigung der franzöz.

Zunge, alveolare, mittel- und hintergaumige Konsonanten mehr vorgeschoben als wir zu bilden. Dies in Verbindung mit der energischen Labialisierung und der gleich straffen, folglich einen akustisch sauberen Effekt erzielenden Artikulation der Vokale ergibt, was man die französische Artikulationsbasis nennt, d. h. diejenige Einstellung der artikulierenden Mundteile, besonders der Zunge, durch deren fortdauernde Beobachtung bei der Sprechtätigkeit die specifische Bildung und der specifische Klang der französ. Laute sich von selbst ergeben. Wenn die französ. Sprache allgemein als schön, wohlklingend bezeichnet wird, so verdankt sie diese Attribute vorzugsweise der Sauberkeit ihrer Lautbildung, zum Teil vielleicht auch der häufigen Verwendung der Nasalvokale. Ich schliesse diese Arbeit mit den Worten Henry Sweet's, welcher auch die "clear energetic articulation of the consonants, the purity of the vowels, and the sonorousness of the nasal vowels" dieser Sprache hervorhebt. "No language, sagt er, combines power and harmony with elegance and brevity more successfully than French."

S. 41, Z. 2 v. u. lies shifting.

Nachträge.

S. 4 oben. Vgl. die folgende Bemerkung.
S. 5 Z. 10 ff. u. S. 6 Z. 1—7. Dem dort über die Bedeutung des Lautes bezw. der Aussprache Gebrachten füge ich noch folgende Äusserungen von Schulschriftstellern und Gelehrten bei. „Unerlässlich ist die sichere Aneignung des fremden Lautes für die gründliche Erfassung des sprachlichen Objektes selbst: sie allein vermittelt das Verständnis für die materielle sowohl, wie für die geistige Natur der Sprache; ohne sie ist weder ein lebendiges Bewusstsein von dem eigentlichen Wesen derselben, noch ein Eindringen in den Geist der Schriftsteller möglich." (Progr. der Realschule zu Lippstadt, 1868 p. 10.) „Das Wort als Lautverbindung darf nicht dem Wort als Buchstabenkomplex gegenüber zurückstehen. Die Bedeutung der Lautsprache an und für sich als nächste und unmittelbarste Erscheinungsform eines Idioms spricht für die Berücksichtigung des lautlichen Wortes beim Erlernen einer jeden Sprache. Auch können gewisse sprachliche Wandlungen, wie z. B. die Lautverschiebung, die Assimilation etc., wenn sie sich auch am geschriebenen Worte erkennen lassen, doch erst im Hinblick auf den Laut recht begriffen und gewürdigt werden. — Beim Erlernen der neueren Sprachen genügt es aber nicht, dass die lautliche Seite bloss so im allgemeinen als Mittel zum Zweck zur Geltung komme, es muss vielmehr von Anfang an die Aussprache auch ihrer selbst wegen in reinlichste und sorgsamste Pflege genommen werden." (Steuerwald, Lehrb. der engl. Ausspr., Vorrede p. III.) „De la bonne prononciation dépend la clarté du discours, la correction du débit, *la vie même de la*

parole" (L e g o u v é, L'art de la lecture, p. 50), u. D e r s. l. c. 55: „le rôle
de l'articulation ... est immense. C'est l'articulation et l'articulation
seule qui donne la clarté, l'énergie, la passion, la véhémence" etc.
„G e i s t und H a u c h einer Sprache sind so innig mit einander
verbunden, so geheimnisvoll verwebt, wie der A t e m und die
S e e l e. Wer sich die richtige Aussprache angeeignet hat, hat
den b e s t e n Teil der Sprache zu seinem Eigentum gemacht."
(Die Erlernung der frz. Sprache, Progr. Realsch. Colberg 1853 p. 16.)
„Eine gute Aussprache hören und weit mehr noch eine gute
Aussprache an sich selbst kultivieren, ist ein tief einwirkendes
Mittel zur Veredelung des Menschen." (S c h m i t z, Enc.[1] IV, 123.)
D e r s.: „Eine reine und richtige Aussprache ist ein Haupterfordernis eines guten Sprachunterrichts, und ich möchte gerne
mit vollem Nachdruck hinzusetzen, e i n H a u p t b i l d u n g s m i t t e l
f ü r d e n g a n z e n j u g e n d l i c h e n M e n s c h e n" (Frz. Elementarb.
p. XI). „La bonne prononciation est toujours accompagnée *d'une
certaine distinction de l'esprit"* (B i g o t, Étude et enseignem. de
la l. franç. à l'étranger, p. 21). „Auch die Bildung des Sprach-
organs ist eine pädagogische Aufgabe" (W i t t s t o c k, Frz. Sprachlehre, p. VI). „Die Schulung der Aussprache, wenn sie als
wirkliche Gymnastik des Gehörs und der Sprachwerkzeuge auftritt, ist keineswegs so mechanisch, wie man glaubt, sondern hat
ihren b e s o n d e r n W e r t f ü r d i e a l l g e m e i n e B i l d u n g, sie
darf als ein Förderungsmittel der Empfänglichkeit für das An-
gemessene, Reine und Bestimmte angesehen werden." (K a r e s,
‚Die Unterweisung in der frz. u. engl. Aussprache' in H e r r i g ' s
A r c h i v 59, 377.) „Unstreitig kann die Sorgfalt. welche der
Aussprache der fremden Idiome gewidmet werden muss. eine sehr
heilsame Rückwirkung auf die phonetische Behandlung der
Muttersprache ausüben, und dies ist keiner der unwichtigsten
Vorteile der Beschäftigung mit neueren Sprachen" (Päd. Arch.
1877, p. 546). — Diese Aussprüche könnten leicht noch um eine
grosse Anzahl ähnlicher vermehrt werden. Ich will nur noch
einen anführen, den der bedeutende nordische Sprachgelehrte
R a s k bereits im Jahre 1818 tat: „Zur Kenntnis der Beschaffenheit einer Sprache ist es nicht so unbedeutend, wie es scheinen
könnte, die r i c h t i g e A u s s p r a c h e zu kennen. Dieselbe macht
gleichsam die äussere Form der Sprache aus, und obwohl man
ohne deren Kenntnis es im Verständnis der Schriftsteller weit

bringen kann, so wird man doch nie den eigentlichen Geist derselben fühlen (saa vil man dog aldrig föle deres egentlige Aand). Der Eindruck ist kalt, fern und gleichsam fremd für uns." (Rask, Untersuchung über den Ursprung der altnordischen oder isländischen Sprache, p. 56.) — Die vorstehenden Stellen verdanke ich den reichen Litteraturnachweisen einer verdienstlichen Schrift von T. Merkel, Die deutsch-französ. Aussprache (Progr.), Freiburg i. B. 1881, die ich bedaure nicht schon früher eingesehen zu haben.

S. 7 Z. 7 v. o. In der Reihe dieser Männer dürfen füglich auch Namen von so gutem Klang wie Kräuter und Michaelis nicht fehlen.

S. 7 Z. 8 u. ff. v. u.: S. 8 Z. 3 u. 4 v. o. (Trautmann). Was ich dort im Text gesagt habe, möchte ich hier unter einiger Modifikation näher ausführen. Es ist hinsichtlich der phonetischen Belehrung der Schüler das Alter derselben wohl zu berücksichtigen. Bei Kindern bis zu 14 Jahren wird man die Hauptarbeit fremder Lautbildung dem natürlichen, unbewussten Nachahmungstriebe und der Nachahmungsfähigkeit überlassen müssen, die in diesem Lebensalter noch zu den wesentlichsten Hilfen bei der Sprach-erlernung gehören. Der Lehrer, der selbstverständlich eine nationale Aussprache haben und sich über sein eigenes Sprech-organ und das der Schüler, sowie über die lautliche Natur des zu lehrenden Idioms vollkommen klar sein muss, hat viel und deutlich artikuliert vorzusprechen (vorzulesen) mit der Aufforderung nachzuahmen. Nur subsidiär und immerhin spärlich werden durchaus elementare Belehrungen phonetischer Art statthaben dürfen: so über den Unterschied zwischen stimmlos und stimm-haft, der mit Zuhilfenahme wirksamer Demonstrationsmittel gründ-lich einzuprägen ist; ferner kann hingewiesen werden auf die — leicht kontrolierbare — Lippentätigkeit, auf die energische Bildung der französ. Laute u. s. w. Bei 14—16jährigen Schülern (Schülerinnen) kann man bereits ein grösseres phonetisches Quantum bieten; so über gewisse prägnante Zungenstellungen, über die einfache Bewegung der Gaumenklappe bei Bildung der Nasalvokale, über die Verschiedenheit von Zungenspitzen-r und Zäpfchen-r u. s. w., indem man die Erläuterungen fleissig wieder-holt, bezw. sich wiederholen lässt, und das Verständnis derselben mit einer einfachen Kreideskizze oder mit ad hoc gefertigten

7*

Abbildungen erleichtert. Aber dies alles nur je nach vor-
kommendem Bedürfnis im Anschluss an die Lektüre,
nicht systematisch. Von einem systematischen, wenn auch noch
so elementaren phonetischen Vorkursus komme ich — für dieses
Alter wenigstens — mehr und mehr zurück. Grund: das Kind
bekommt zu viel des Neuen, Fremden auf einmal, es ist unfähig
dies alles zu behalten; alles sitzt demnach nur lose, oberflächlich
im Bewusstsein und bildet so ein ganz mangelhaftes, unzuverlässiges
Reproduktionsmaterial, das beim nächsten Anlass, wenn neue
Vorstellungen hinzutreten, wohl ganz verdrängt wird. Mehr und
mehr scheint mir dieser Weg der allein richtige: die Schüler
sind bis zum 15. oder 16. Lebensjahr nur immer nach Massgabe
des bei der Lektüre als notwendig sich erweisenden Bedürfnisses
und nur bei charakteristischen, für das lautliche Verständnis
einer Sprache besonders wichtigen Einzelfällen phonetisch zu belehren; aber diese typischen Artikulationen müssen an hundert
und aber hundert Beispielen geübt, ja unerbittlich konsequent
geübt werden, bis sie vollkommen geläufig geworden sind.
Dann hat man einen soliden Fond durchaus sicherer Reproduktions-
hilfen; dann hat man eine Summe, einen Grundstock wert-
voller appercipierender Vorstellungen, die nun gleichsam bereit sind, das neu Eintretende im Bewusstsein sicher einzuordnen und rasch zu assimilieren. Nun — gegen das 16. Jahr
— kann man beruhigt folgen lassen eine zusammenhängende,
obwohl immerhin noch sehr knapp gehaltene und völlig elementare
Darstellung der Hauptlehren der Phonetik.

Die Zauberkraft einer planmässig gepflegten Apperception
scheint mir wie im Unterricht überhaupt so besonders im neusprachlichen, bei weitem noch nicht genug gewürdigt worden
zu sein.

Dass bei Befolgung dieser successiven Methode, wie ich sie
nennen möchte, unter geschickter Führung die Schüler mit un-
bedingter Sicherheit dahin gebracht werden, die fremden Sprachlaute vollbewusst richtig zu bilden, liegt auf der Hand. Wie
man sieht, ist die Methode ein organisches Fortschreiten von
der unbewussten Nachahmung durch das Medium der Autopsie
und Reflexion zur bewussten Erkenntnis.

Zu einem Teil der vorstehenden Ausführungen vgl. den Vor-
trag des Oberl. Ahn in der ersten Deutschen Neuphilologen-

versammlung zu Hannover, 5. Okt. 1886. „Verhandlungen" etc., (Hannover, Gustav Prior 1886) p. 35 ff.

S. 8. Zu den auf dieser Seite angeführten Reformschriften kommt besonders noch eine ganz neuerdings erschienene, energisch gehaltene und auf radikalem Standpunkt stehende Arbeit von Julius Bierbaum, die Reform des fremdsprachlichen Unterrichts. Kassel, 1886. Kay. Vgl. über dieselbe die beachtenswerte, ruhige Schrift von Hornemann (Zur Reform etc. 2. Heft. Siehe oben S. 8), der auch noch einige andere neuere Erscheinungen auf dem Gebiete der Reform (so von Ohlert, Rohde, Schäfer u. a.) bespricht. Eine ältere Reformschrift ist die schon weiter oben erwähnte von T. Merkel, welche reichhaltiges Material bringt. Endlich verdienen aus der Litteratur der letzten Jahre noch Erwähnung: Bohnemann, die neuesten Vorschläge zur Reform des französ. bezw. engl. Sprachunterichts. Zs. für weibl. Bildung in Schule und Haus. XIII, 8; p. 392 ff. (Leipzig, Teubner). [Vortrefflicher Artikel mit guter Litteraturangabe am Schlusse.] Sevin, L. Zur Frage der Reform des fremsprachl. Unterrichts. Zs. f. weibl. Bildung, XIII, 7 und 8. S. auch Heft 4. Zu obigem Referat Bohnemann's (Rhein. Provinzialversammlung v. 13. Mai) vgl. das Korreferat von Kares im 9. Heft desselben Jahrgangs derselben Zeitschrift.

S. 10 Z. 2 der Anmerkung liess „erscheinen".

S. 12 Z. 1 ff. Hierher gehört auch die „Französ. Elementar-Grammatik für Realschulen" von Hermann Breymann, München 1884 (Oldenbourg). [Dazu ein „Französ. Elementar-Übungsbuch" von H. Breymann u. Hermann Mœller und eine Anleitung zu demselben unter dem Titel: „Zur Reform des neusprachlichen Unterrichts". München, 1884. Oldenbourg. Diese letztere Schrift fällt also mit unter die vorige Bemerkung].

S. 15 Z. 9 und 10 v. u. Für Thüringen und Schlesien, teilweise Sachsen ist hier kg auszunehmen, wo wenigstens ein Unterschied in der Artikulationsstärke gemacht wird.

S. 30. Die bedeutsamen, sehr selbständigen Techmer'schen Schriften habe ich absichtlich unerwähnt gelassen, da sie für ein Anfangsstudium weniger geeignet sein dürften; für spätere Studien dagegen und für vergleichende Zwecke sind sie nicht zu entbehren. Ich nenne besonders seine „Phonetik". 2 Bände, Leipzig 1880: ferner „Naturwissenschaftliche Analyse und Synthese

der hörbaren Sprache" in seiner Internat. Zs. f. allgem. Sprach-
wissenschaft, I, 1. Leipzig. Joh. Ambros. Barth; endlich eine kleinere
sehr interessante Arbeit: „Zur Veranschaulichung der Lautbildung".
Leipzig, 1885. Barth. Seine Stellung zu Bell's System hat
F. Techmer dargelegt in seiner Zs. Bd. I, p. 156 ff.

S. 34 Z. 7 u. 11 v. o. „Ansatzrohr" und „Lautrohr" sind
in dieser Schrift promiscue gebraucht worden, doch vorzugsweise
der letztere Ausdruck, den ich von Trautmann herübergenommen
habe und für besser halte. „Ansatzrohr" im eigentlichen Sinne
des Worts ist strenggenommen nur die Nasenhöhle.

S. 38 ff. Zu Trautmann's Vokalsystem vgl. auch die wichtigen
Bemerkungen Sweet's in „Götting. gel. Anz." 1881, p. 1405.

S. 42, Anm. Die Werke Bell's, der seit längeren Jahren
in Amerika lebt, sind aus England teils nicht mehr, teils schwer
zu beziehen. Sie sind jedoch sämtlich zu haben bei Mr. J. P.
Burbank, bookseller, Salem, Mass. U. S. A.

S. 43, 3) die gemischten Vokale. Durch Hebung der
Hinterzunge, sowie der Vorderzunge mit der Zungenspitze tritt
wahrscheinlich zugleich leichte Senkung des mittleren
Zungenkörpers ein.

S. 48 Z. 8 u. 9 v. u. Die Zungenartikulation der gerundeten
Palatalformen ist streng genommen nicht genau die der ungerundeten. Vgl. darüber Vietor, Phon. § 56. „Bei den gerundeten Palatalvokalen verbindet sich die nach der gewöhnlichen
Auffassung normale Lippenrundung der gutturalen o- und u-Laute
mit der Zungenartikulation der palatalen e- und i-Laute. Es
scheint jedoch, dass die letztere regelmässig eine Modifikation
erfährt, indem die Vorderzunge durch das Bilden einer Vertiefung
an der Rundung teilnimmt." Die von Vietor in der Anmerkung
zu § 56 angeführten Experimente habe ich an mir und einigen
anderen Personen mit gleichem Resultat wie V. versucht. „Die
Vorderzunge bildet bei den gerundeten Vokalen eine ziemlich
flache Längsrinne; das Zungenblatt ist rings etwas gehoben. Ein
nach den Gaumen hin eingeführter Federhalter oder dergl. steht
an der nämlichen Stelle der e-, bezw. i-Artikulation im Wege,
wo dies für ö, bezw. ü nicht der Fall ist." Auch was Victor
(l. c.) gegen Evans bemerkt, scheint mir durchweg zutreffend.

S. 51 u. bes. Anmerkung. Ich werde jedem wohlmeinenden Kritiker dankbar sein, der mich über dieses *a*-Dilemma vollständig aufklärt. Über verschiedene *a*-Laute s. Storm, 67 ff.. u. Sweet, Sound-Notat.. 56. S. 54 u. Anm. 1. Vgl., was Prof. Marelle-Berlin gelegentlich seines Vortrags „La prononciation et la modulation du français enseignées à haute voix" in der Neuphilologen-Versammlung zu Hannover über *ɔ* ausgeführt hat, „Verhandlungen" etc., p. 54. — Sweet ("Sound-Notation" p. 56 u. ö) hält jetzt, mit Storm, den *ə*-Laut in *que* mit dem *ö* in *leur* qualitativ identisch. S. 63 Z. 3 ff. v. u. In "Sound-Notation", p. 53 bemerkt dagegen Sweet, es sei zweifelhaft, ob unsilbige *i u ü* als Gleitvokale *(i̯ u̯ ü̯)*, oder als Konsonanten *(j w ÿ)* zu betrachten seien. Er schreibt sie neuerdings als Gleitvokale, scheint demnach seine im "Handb." ausgesprochene Ansicht modificiert zu haben.

S. 64. Vietor fragt: „ist mit dem *ü* nur unsilbige Funktion oder Reibelaut oder vielleicht das durch starke Labialisierung veranlasste Pfeifgeräusch gemeint?" Ich kann den Eindruck nicht loswerden, dass diese *i̯ u̯ ü̯* wirkliche Konsonanten, wirkliche Reibelaute sind; nach Stimmlosen dürfte dies unzweifelhaft sein. Mit Havet sieht jetzt auch der Franzose Passy (der " Président de l'Association phonétique" ist, also zum Mitreden füglich kompetent sein muss), obwohl nicht immer konsequent, diese Laute als Konsonanten an. (S. Passy's phonetische Texte in seinem Werkchen "Le français parlé". Heilbronn, 1886. Gebr. Henninger.)

S. 80 Z. 17 v. u. muss es heissen "*often also* interdental".

S. 82. Die auf dieser Seite (sub 1 u. 2) erwähnten Abarten der Verschlusslaute sind Sandhierscheinungen, die in Verbindung mit der kombinatorischen Stimmlosigkeit gewisser Stimmtonlaute und einer Reihe anderer Veränderungen in der im Vorwort erwähnten Arbeit zur systematischen Darstellung kommen sollen.

S. 83 Z. 16 u. 18. Über sporadisches Vorkommen des *h*-Lautes im Französ. vgl. Storm, 52 u. 53. Sweet, ibid. Anm. 3. "Your remarks on *h* in French agree entirely with my own observations, which, however, have been *obstinately denied by all Frenchmen*. I have heard it in *fléau* (fle-ho), *oh* (ho) etc." Siehe auch Sweet, Handb. 124. Franke, „Ergänzungsheft zu Phrases de tous les jours", Heilbronn 1886, p. 49. Vietor, Phon. § 69, Anm. 1. Trautman, Sprachlaute, § 825—826.

S. 85. A. Bilabiale Reibelaute. S. die Bemerkung zu p. 63 und 64.

S. 89. 2. *š*. Franke (Ergänzungsh. 49) bemerkt, bei *šž* finde sich im Französ. keine Lippenvorstülpung. Nicht die ausgeprägte Lippenvorstülpung gewisser gerundeter Vokale, das ist sicher; aber eine leichte Protrusion findet doch statt. Dass deutsches *š* mehr labialisiert ist als das französische, gebe ich ohne weiteres zu. Völlig oder nahezu frei von der Mitwirkung der Lippen scheint zu sein der englische Laut.

S. 93 Z. 17 u. 18. Auch *ü* erleidet oft die gleiche Veränderung; z. B. in *battu, Trochu, cocu, pu.*

S. 95. Zur Tabelle: Vielleicht hätten *jj* besser in [eckiger] Parenthese gestanden, um anzudeuten, dass sie doch nicht die Vollberechtigung rein selbständiger Laute haben.

S. 96. Diesen Worten Sweet's lasse ich als Schlussbemerkung noch zwei weitere Äusserungen von Schulschriftstellern über die französ. Aussprache folgen: „Wenn die französ. Sprache wirklich *"harmonic, grâce, force, douceur, variété"* besitzt, wie man sie ihr nicht absprechen kann, so wüsste ich nicht, wie man sich und andern den Genuss dieser schönen Eigenschaften verschaffen könnte, wenn nicht vor allem durch die Pflege einer guten Aussprache" (T. Merkel). „Was hiebei noch bedeutender ist, besteht darin, kennen zu lernen, welch unglaublichen Wert die Aussprache für die geistige Physiognomie einer Sprache hat, und hier offenbart das Französische in seiner Aussprache auf überraschende Weise das logisch-rhetorisch Kunstvolle seines Charakters und einen Vorzug, den es nicht nur vor dem Deutschen und Englischen, sondern selbst vor dem Italienischen voraus hat" (Hamann, Leitf. z. Erlernung der französ. Ausspr., p. IV).

August Preuss in Cöthen.